식량위기, 이미 시작된 미래

식량위기,
이미 시작된 미래

루안 웨이(Wei Ruan) 지음 | 정지영 옮김

미래의창

66 싱그러운 초록 잎을 활짝 펼치고 하늘을 향해 자라나는 곡식
이 광활히 펼쳐졌던 밭의 여기저기에 흑토를 드러낸 구멍이
입을 벌리고, 전차와 군용차량이 돌아다닌 바퀴 자국이 선명
하며, 보병이 몸을 숨기는 참호가 땅 깊숙이 새겨져 있다. 99

2022년 봄에서 여름 사이에 인공위성으로 촬영한 우크라이나
동부 곡창지대의 사진들을 보고 마음이 아팠던 사람이 많을 것
이다. 러시아의 우크라이나 침공은 수도 키이우Kiev나 동부 하
르키우Kharkiv, 동부 마리우폴Mariupol 등의 도시만 파괴하지 않았
다. 농업과 식량도 공격의 대상이 되었다.

　이 시기에 '아프리카의 뿔'이라고 하는 에티오피아, 케냐,

소말리아에서는 사계절 연속으로 우기에 비가 조금밖에 내리지 않는 사상 최악의 가뭄이 발생해 1,300만 명이 기아에 직면했다. 기아 조기 경보 시스템 네트워크와 유엔식량농업기구의 식량안보 영양분석반FSNAU에 따르면 소말리아 인구의 절반인 710만 명이 위기에 처해 있거나 더 심각한 식량 부족에 직면하고 있다.

원인은 가뭄과 내전만이 아니라 수입 곡물의 가격 급등에도 있다. 소말리아에서는 2011년에도 가뭄과 내전으로 기근이 발생해 25만 명이 굶어 죽는 비극이 벌어졌다. 이웃 나라 에티오피아 북부에서는 티그레 인민해방전선TPLF과 정부군의 내전이 격화되고, 케냐에서는 대선 부정 의혹으로 충돌이 재점화되었다. 지구 온난화 때문이라고 지적되는 극심한 가뭄, 그리고 내전과 정치 혼란, 여기에 러시아의 우크라이나 침공을 계기로 한 곡물 가격 급등과 공급난이 더해진 '복합 기근'이라고 불러야 할 비극이다. 이 책을 집필하고자 마음먹은 계기가 바로 여기에 있다.

현대의 전쟁은 적이 전투를 지속할 능력을 약화시키기 위해 군수공장, 발전소, 항만 등을 파괴하는 경우가 일반적이다. 러시아는 우크라이나를 침공하면서 공격 대상을 도시와 인프라에서 농업지대까지 넓혔고, 곡물 수출을 방해해서 식량을 무기로 삼는 행위에까지 손을 뻗었다. 우크라이나 침공은 농업과 식량이라는 새로운 필드까지 공격을 확대한 새로운 전쟁의 서막으로, 소말리아 등 세계에서 가장 생활 기반이 취약한 사람들을 또 다른 위기에 빠뜨리고 있다.

러시아의 우크라이나 침공 직후 급등했던 밀과 옥수수의 국제 시황은 4개월 만에 거의 침공 전 수준으로 돌아갔으나 여전히 2012년 이래 최고치에 머물러 있다. 2022년 8월 초에는 유엔의 중개로 우크라이나 항구에서 중동, 아프리카, 아시아를 향하는 곡물 수출도 불완전하게 재개되었다. 하지만 흑해 연안의 항구를 나온 곡물이 과연 '아프리카의 뿔'에서 기아에 허덕이는 사람들에게까지 갈 수 있을까? 우크라이나의 수출 재개로 전 세계의 농업과 식량 사정이 원래대로 돌아간다고 생각해도 되는 것일까?

필자는 그렇게 되지 않을 것이라고 보고 있다. 러시아의 우크라이나 공격이 장기화될 것이라고 예상하기 때문만은 아니다. 설령 러시아가 철수하고 우크라이나에 평화가 돌아온다고 해도 세계의 식량과 농업은 여러 심각한 문제를 내포하고 있어서 식량위기의 시대가 한 걸음씩 다가오고 있는 것처럼 보이기 때문이다. 이는 우크라이나 위기 이전부터 이미 시작되었다. 심각한 문제는 적어도 세 가지가 존재한다.

첫째, 곡물 수출의 강국 러시아가 우크라이나 침공을 계기로 세계적인 주 공급국이라는 지위를 잃고, 부수적인 공급국으로 전락할 가능성이 있다는 점이다. 우크라이나도 세계에서 지원을 받더라도 농업을 부흥시키고 곡물 수출을 회복하기까지는 시간이 걸릴 것이다.

우크라이나를 침공한 러시아에 대한 제재를 미국과 유럽이 주도하면서, 러시아는 서방에 팔 수 없게 된 원유와 석탄을 대폭 할인된 가격에 인도 등에 팔았는데, 밀과 옥수수도 싼값에 수출할 수 있는 곳을 찾으려 할 것이다. 하지만 국영회사가 국책으로 맡는 에너지 산업과 달리 곡물을 생산하는 주체는 수백만 명의 농민이며, 농민의 생산 의욕이 꺾이면 필연적으로 곡물 수출은 저하된다. 농업이 집단화되던 구소련 시절, 소련은 식량 부족으로 오랫동안 미국에서 곡물을 수입했다. 세계의 농업은 농지 등의 생산 여력이 있어도 정치적 대립, 군사적 긴장, 나아가 시장원리에 따라 제대로 활용되지 않는 시대로 접어들 위험이 있다.

둘째, 농업을 뒷받침하는 새로운 자원 제약의 문제다. 러시아의 우크라이나 침공 후 지금까지 거의 인식되지 않았던 화학비료의 조달 문제가 부각되었다. 3대 화학 비료인 질소, 인산, 칼륨은 모두 러시아 및 동맹국인 벨라루스가 크게 생산하고 있으며, 특히 칼륨은 양국의 점유율이 높다. 질소의 생산에 필요한 막대한 에너지는 주로 천연가스로 조달되며 이 역시 러시아가 우위에 있다.

현실적으로 곡물 시황은 하락해도 화학 비료 가격은 2년 전의 2배 이상 수준으로 고공행진하고 있다(2022년 8월 기준). 비료는 식량보다 생산국이 한정되어 있어 과점으로 생기는 지배 문제가 쉽게 발생한다. 이런 상황에서 농민들은 경제적으로 농지에 비료를 투입하는 양을 줄일 수밖에 없고, 그러면 농작물의 생산은 줄어든다. 한편 탈러시아, 탈탄소로 인한 에너지 가격의 고공행진은 바이오에탄올, 바이오디젤 등 곡물과 식물 기름을 원료로 하는 바이오 연료의 수요를 높여 인간과 자동차가 식량을 놓고 다투는 희비극을 빚을 수도 있다.

셋째, 지구 온난화가 가속되는 문제다. 우크라이나에서 전쟁의 불길이 타오르는 가운데, 2022년 여름 스페인, 프랑스, 독일 등 유럽에서는 기록적인 폭염과 적은 강수량으로 산불이 빈번하게 일어나고 하천의 수위가 크게 내려갔다. 미국, 호주, 중국의 농업지대도 항상 가뭄에 시달리고 있다. 인류는 지구 온난화와도 싸워야 한다.

러시아의 우크라이나 침공을 놓고 세계는 양분되는 모습을 보이고 있다. 유엔 안전보장이사회와 유엔 총회에서 러시아를 비난하는 결의에 반대하거나 기권하는 나라가 적지 않았다. 그 면면을 보면 산유국, 산가스국 등 에너지 수출국이거나 러시아에 식량과 에너지를 의존하는 나라였다. 러시아에 보내는 완만한 지지에는 미국과 유럽의 주도로 진행되는 지구 온난화 대책과 탈탄소에 반발하는 모습도 엿보인다.

우크라이나의 위기는 이렇게 지구 온난화 대책을 놓고 세계적인 대처가 허술하다는 것을 보여주었다. 온난화가 진행되면 가뭄이나 고온에 의한 수확 감소로 식량의 공급은 확실히 줄어들 것이다. 지구 온난화에서 가장 우려되는 부분은 농업 생산과 식량문제지만 세계는 이에 대해 제대로 대책을 세우지 못하고 있다. 전쟁은 항상 약한 자를 첫 희생자로 삼는 법이다.

"이 전쟁은 다른 위기와 맞물려 전례 없는 기아와 궁핍의 파도를 일으키고, 그 후 사회적·경제적 혼돈을 초래할 우려가 있다." 유엔의 안토니오 구테흐스Antonio Guterres 사무총장은 거듭 경고했다. 유엔세계식량계획wFP에 따르면 2022년 초에 이미 전 세계는 지구 온난화, 내전과 전쟁, 신종 코로나바이러스 감염증 여파로 사상 최대인 2억 7,600만 명이 극심한 기아에 시달리고 있다. 러시아의 우크라이나 침공은 4,700만 명의 급성 기아 인구를 만들었고, 세계에서 기아에 직면한 인구는 3억 2,300만 명에 이를 것이다.

하지만 또 다른 위기가 그 앞에 기다리고 있다. 세계 인구는 2050년에 97억 명에 이를 전망이다. 인류는 현재보다 약 20억 명분의 식량을 더 확보하기 위해 농지, 담수, 비료 에너지를 확보하고, 나아가 지구 온난화, 전쟁과 내전 등의 문제를 해결해야 한다. 온난화가 예상을 뛰어넘는 속도로 진행되고, 미국과 중국의 냉전이 세계의 분단으로 이어진다면 기아 인구는 수억 명 수준에서 10억 명, 20억 명 수준으로 치솟을지 모른다.

러시아의 우크라이나 침공은 농업과 식량에 대해 다양한 위험을 부각시켰다. 그것을 깨닫고, 전 세계가 보조를 맞추어 행동할 수 있을까? 이것이 인류가 기아를 회피할 수 있을지 없을지를 가르는 갈림길이 될 것이다. 농업은 어느 나라에서든 국민과 국토를 지키는 기반이며 식량이 제약 없이 세계적으로 거래되는 안정적인 환경을 유지하는 것이야말로 인류에게 가장 필요한 일이다.

제3장

지구 온난화가 몰고 올 또 다른 위기

농업은 가해자이자 피해자

제4장

식량인가 연료인가

바이오 연료가 만들어낸 새로운 농산물 쟁탈전

제5장

기아를 초래하는 강대국의 논리

아프리카 농업을 무너뜨린 미국과 유럽의 곡물 전략

제6장

화학 비료의 쟁탈

방대한 인구를 지탱하는 공업화된 농업

제7장

세계와의 조화

일본을 통해 본 식량 안보

맺음말

일러두기

한국 식량 문제 관련 실태는 각 기관의 데이터에 근거해 출처를 밝혀 추가했고, 이는 민승규 세종대 석좌교수의 확인을 거쳐 색글자로 표기했다.

제1장

침략당한 세계의
빵 바구니

비극의 씨앗이

전 세계에 뿌려졌다

밀은 인류의 식생활을 책임지는 가장 보편적인 곡물이다. 선진국에서 개발도상국까지 세계에서 가장 폭넓게 소비되고 있고, 빵, 면, 케이크, 쿠키, 크레이프 등 각국에서 다양한 형태의 독자적인 요리로 가공되고 있다. 아시아는 한국, 일본, 중국 남부, 동남아시아 등 대부분의 국가와 지역에서 쌀을 주식으로 삼고 있는데, 식생활이 서구화되면서 밀 소비가 증가하는 경향이 두드러지기 시작했다. 곡물 중에서 쌀은 자국 내에서 생산해서 소비하는 국내 유통형인 반면, 밀은 세계적으로 무역 거래량이 가장 많은 곡물이다.

2022년 2월에 발발한 러시아의 우크라이나 군사 침공은 인류에게 없어서는 안 되는 밀 공급이 의외로 취약하다는 것을 명확히 보여주었다. 많은 사람들이 우크라이나와 러시아가 밀의 거대 수출국이라는 것조차 몰랐으나, 전쟁으로 두 나라에서 밀 공급이 끊기자마자 미국 시카고 상품거래소CBOT의 밀 시황이 사상 최고치까지 상승하며 세계 식량 시장이 혼란에 빠졌다. 어느 누구도 이 정도일 줄은 예상하지 못했을 것이다. 2020년 기준으로 우크라이나와 러시아에서 전 세계로 수출하는 밀은 전체의 27.9%(5,532만 톤)를 차지하고 있는데, 이를 1인당 100킬로그램의 연간 소비량(성인 남성 필요 칼로리의 약 절반에 해당)으로 계산하면, 두 나라가 5억 5,320만 명의 식량을 책임지고 있는 셈이다.

이번 장에서는 왜 우크라이나와 러시아의 밀과 옥수수 등이 세계 곡물 무역의 열쇠를 쥐게 되었는지, 그리고 전 세계에서 진행되는 곡물의 생산, 무역, 소비의 지각변동과 취약성을 살펴보고자 한다.

해바라기와 체르노젬

러시아의 우크라이나 침공 이후 우리는 TV 화면에서 러시아의 전차와 장갑차로 짓밟힌 우크라이나의 땅을 보게 되었다. 그런데 토양의 색이 우리가 흔히 보지 못한 색이다. 칠흑이라고 해도 될 정도로 검고, 손으로 집으면 후드득 흩어질 듯이 부드러우며, 딱 봐도 영양분이 가득해 경작하기 쉬워 보이는 토양이다. 바로 우크라이나가 세계에 자랑하는 체르노젬chernozem(흑토)이다. 유럽에서 두 번째로 큰 영토를 가지고 있는 우크라이나는 일본의 1.6배, 한반도의 2.7배 정도로 국토가 완만해서 서부 카르파티아Carpathian산맥에 있는 우크라이나의 최고봉인 호베를라Hoverla산조차 해발 2,061미터밖에 되지 않는다. 그런 평탄한 국토의 약 70%를 두껍게 덮고 있는 것이 체르노젬이다.

체르노젬은 전 세계의 농민들이 선망의 시선으로 바라보는 비옥한 토양이며, 지구상에 존재하는 흑토의 3분의 1이 우크라이나에 있다고 알려져 있다. 온난한 기후와 적당한 강우량까지 더해져 우크라이나는 농업을 하기에 최고의 조건을 갖춘 나라다. 특히 여름에는 샛노랗고 큰 꽃송이를 가진 해바라기가 끝없이 펼쳐지는데, 2009년 9월 현지 조사를 나갔을 때는 이미 다갈색 씨앗이 잔뜩 달려 해바라기가 고개를 숙이는 계절이었다. 그럼에도 풍요로운 결실의 풍경에 감동의 물결이 몰려왔다.

이 사진을 보면서 1970년에 개봉한 이탈리아 영화(당시 소련과 프랑스, 미국이 제작에 협력) 〈해바라기Sunflower〉의 장면을 떠올리는 사람도 있을 것이다. 이탈리아를 대표하는 배우 소피아 로렌Sophia Loren과 마르첼로 마스트로이안니Marcello Mastroianni가 주연을 맡았고, 전쟁으로 갈라진 부부의 사랑과 이별을 이야기한

수확기를 맞이한 우크라이나의 해바라기밭(2009년, 저자 촬영)

영화다. 오스카상을 네 차례나 수상한 미국 영화 음악계의 대가 헨리 맨시니Henry Mancini가 작곡한 주제곡은 길이 남을 명곡이다. 영화에서는 제2차 세계대전에 출정한 남편이 기억을 잃고 행방불명되었던 지역을 당시 소련이었던 우크라이나 남부 헤르손Kherson주 근처로 설정했다. 이곳은 2022년 러시아의 군사 침공으로 격전지가 된 지역 중 하나다.

　해바라기가 피고, 밀이 익어가는 체르노젬으로 가득한 이 지역은 러시아의 푸틴 대통령이 '소련 붕괴로 잃은 제국의 일부'라고 여기며 크림반도와 함께 되찾고 싶어 했던 영토 중 하나라고 해도 과언이 아니다. 뒤집어 말하면 풍요로운 농지인 체르노젬이 전쟁터가 된 것이 이번 우크라이나 침공이며, 전 세계에 식량위기의 씨앗이 뿌려진 커다란 지정학적 배경이다.

개발도상국을 압도하는 선진국의 농업 경쟁력

이야기의 화제를 해바라기밭에서 크게 돌려보겠다. 우리가 먹는 빵이나 파스타, 우동 등의 원료가 되는 식용 밀은 대부분 호주, 미국, 캐나다에서 수입해온다. 일본의 경우 국산 밀을 사용하는 사누키 우동을 제외하고는 거의 모든 우동에 호주 밀을 사용한다. 한국에서도 밀은 제2의 주식으로 불릴 정도로 친숙한 먹거리다. 한국 식품의약품안전처에 따르면 2022년 한국이 가장 많이 수입한 품목은 밀로 그 양은 약 260만 톤으로 역대 최고치를 기록하기도 했다.

일본은 식용 밀에 있어서는 품질에 많이 신경을 쓰는데, 고품질 밀은 미국, 캐나다, 호주와 더불어 프랑스가 세계 수출시장에서 높은 점유율을 차지하고 있다. 이에 비해 품질이 떨어지는 우크라이나와 러시아 밀은 거의 수입하지 않는다. 한국은 사료용 밀로 수입하기는 하나 그 비중이 낮은 편이다. 러시아의 우크라이나 침공으로 두 나라에서 밀 수출이 중단되어도 세계적인 가격 급등을 제외하면 공급 측면에서 미치는 영향이 미미했던 이유가 여기에 있다.

뒤에서 상세히 설명하겠지만, 전 세계에서는 금세기 초까지 고품질 밀뿐 아니라 밀 무역의 대부분을 선진국이 담당하고 있었다. 대다수는 개발도상국의 농업은 인건비, 토지비가 저렴하기 때문에 농산물 가격 경쟁력이 선진국보다 높다고 인식하지만, 현실은 다르다. 개발도상국의 농업은 규모의 경제가 직접 영향을 미치는 곡물에서는 비용 경쟁력이 약해서 미국, 캐나다, 호주 등지에서 생산되는 밀을 이기지 못한다.

선뜻 이해가 안 될 수도 있지만, 미국, 캐나다 등지에서는 수백 헥타르ha(1헥타르=1만 제곱미터), 때로는 수천 헥타르나 되는

수백에서 수천 헥타르 규모의 광활한 미국의 밀밭

거대 농장을 개인 농가가 운영하면서 거대한 트랙터와 콤바인을 이용해 노동력을 철저히 절약한다. 최근에는 드론과 위성 센서를 통해 얻은 토양의 성분과 수분 분석, 농산물 생육 정보를 활용한 과학적 농업을 추진하고 있다. 게다가 미국은 화학 비료, 농약 사용량을 농지 구획마다 조정하는 정밀 농업을 진행해서 비용과 품질 양쪽에서 엄격하게 관리하고 있다.

선진국의 농업은 규모의 경제와 과학적 방법에 더해 정부의 후한 농업 보조금도 있어 1980년대 이후 높은 비용 경쟁력을 획득했다. 이에 비해 개발도상국은 대부분 농민이 직접 경작하고, 집마다 농지가 1헥타르 미만에서 수 헥타르로, 작은 규모에서 인해전술로 파종과 수확을 하는 경우가 많다. 아무리 인건비가 싸다고 해도 비효율적이라 비용이 많이 들 수밖에 없다. 관개 설비도 부족해 수확이 강수량 등의 날씨에 영향을 많이 받아 안정적이지도 않다.

또 하나 빼놓을 수 없는 것은 현대 농업에 필수적인 화학 비료와 농약, 품종이 개량된 우수한 종자를 선진국에 의존할 수밖에 없다는 점이다. 개발도상국에서 생산하는 화학 비료나 농약의 거점은 한정되어 있어서 높은 수송비용을 들여 선진국이나 신흥국에서 수입해야 한다. 그래서 아프리카 농민들이 쓰는 비료 가격은 미국보다 비싸다.

개발도상국의 저렴한 인건비가 경쟁력이 되는 것은 주로 아시아 국가들의 노동집약형 제조업에 국한된다. 외국 자본으로 직접 공장을 건설해 수출하는 봉제업, 일용품, 백색가전 등의 산업이 이에 해당한다. 자연조건이나 기계화, 비료, 농약 등 농업 자재를 조달하는 비용이 직접 반영되는 농업, 특히 규모의 경제가 작용하는 곡물에서는 개발도상국이 선진국을 이기기가 쉽지 않다.

그렇다고 만성적으로 외화가 부족한 개발도상국이 선진국에서 밀을 필요한 만큼 자유롭게 수입할 수 있는 것은 아니다. 개발도상국의 경제성장을 저해하는 외화(무역적자)의 천장이 개발도상국의 농업에서 비관세 장벽처럼 농산물 수입을 제한하는 측면이 있다. 개발도상국의 농촌 지역에서는 생산 효율이 높지 않아도 자급자족하면 먹고살 수 있고, 잉여분을 팔아 얼마 안 되지만 현금을 손에 넣을 수도 있다. 하지만 개발도상국에서도 도시, 특히 아프리카에서 가속화되는 도시화로 농촌에서 대도시로 유입되는 전직 농민들은 자급자족할 식량조차 얻지 못해 선진국에서 수입하는 식량에 의존할 수밖에 없다. 이런 도시 지역의 저소득층을 위한 식량은 정부에서 베푸는 보조금으로 조달되는 경우가 많은데, 식량 부족으로 치안이 악화되거나 폭동이 일어나면 정권 붕괴로 이어질 수 있기 때문이다.

'아랍의 봄'이 불러온 이집트의 식량 사정

2011년 식량 가격의 급등으로 아프리카 튀니지에서 발생한 반정부 시위는 이집트, 리비아, 요르단 등지로 번졌고 일부에서는 독재 정권의 타도로까지 이어졌다. '아랍의 봄'이라고도 불리는 이 민주화 운동이 퍼진 요인은 개발도상국의 수입 식량 의존 구조에 있다. 개발도상국에서도 큰 인구를 안고 있는 나라에서는 주식인 곡물 등의 식량 확보가 최대 과제다. 인구가 많은 국가는 식량 조달의 전략과 국내 분배에 고심하고 있다. 그 전형적인 케이스로 인구 1억 명을 안고 있는 이집트를 살펴보자.

이집트 서민들의 주식은 밀과 잡곡을 섞어 구운 에이슈aishu (아랍어로 생명이라는 의미)라는 속이 빈 빵이다. 이집트는 식량을 정부가 원료 조달부터 제조, 유통까지 일관되게 운영하는 국영 배급 시스템으로 공급한다. 에이슈 가격도 정부가 식량 가격을 억제하기 위해 제조원가의 20분의 1로 책정했다. 이 놀라운 역마진은 재정을 크게 압박하고 있지만, 재정을 건전하게 하기 위해 주식으로 먹는 곡물 가격을 올리면 정권 붕괴를 피할 수 없다. 그래서 이집트는 값싼 빵을 국민에게 공급하기 위해 미국에서 오는 전략원조 밀과 저가격의 수입 밀에 의존할 수밖에 없었다.

이집트는 '나일의 선물'이라고 불리듯이 원래 정기적으로 반복되는 나일강 범람으로 비옥한 평야가 카이로 이북 지중해 연안에 형성되어 밀과 쌀 생산이 성행한 농업 국가였다. 그러나 1970년 약 3,450만 명이던 이집트의 인구는 급격히 증가해 반세기 동안 약 3배로 불어났다. 게다가 1967년 제3차 중동전쟁, 1973년 제4차 중동전쟁으로 경제가 큰 타격을 입었고, 그 영향은 농업에도 미쳤다. 1970년대 이후, 식량 부족이 일상이 되자 미국 등지에서 원조받아 식량의 수요를 충족시킬 수밖에 없었다. 이집트는 미국이 중개한 캠프 데이비드 협정Camp David Accords*에 따라 1979년 아랍국가 중 최초로 이스라엘과 수교를 맺었다. 미국은 이스라엘을 지키기 위해 이집트 정권을 떠받칠 필요가 있어 밀 등의 식량을 지원하고 저가 수출을 강화한 것이다.

미국의 잉여 농산물을 전략 물자로 이집트 같은 개발도상국에 공급하는, 양측 모두 유리한 이 구조는 오래 지속되었지만, 2011년 아랍의 봄으로 장기 독재 정권이던 무바라크Mubarak 정권이 쓰러지면서 흔들리기 시작했다. 이어 등장한 이슬람 성

---

* 중동 평화를 위해 당시 미국 대통령이었던 지미 카터가 자신의 별장인 캠프 데이비드로 이집트 대통령과 이스라엘 총리를 초청해 이뤄낸 역사적 협정이다. 오랜 적대관계였던 이스라엘과 아랍 간에 이루어진 최초의 평화적 접근으로 이스라엘이 중동전쟁에서 점령한 시나이 반도를 이집트에 반환했다.

향의 무슬림 형제단 무르시Mursi 정권도 군이 사실상 제거하고, 군 출신의 엘시시el-Sisi 정권이 탄생했다. 아랍의 봄의 부정이 일어나면서 미국과 이집트의 관계는 악화되었고, 이후 미국과 이집트에 생긴 틈새를 러시아의 푸틴 정권이 은밀히 파고들어 러시아가 미국을 대신해 2014년 이집트로 가는 저가 밀 수출을 주도하게 되었다.

이집트 농업의 쇠퇴 이유

러시아의 이집트 밀 공급에 대해서는 나중에 다루기로 하고, 여기에서는 미국에서 오는 식량 수입이 증가하면서 이집트에서 농업이 정체되기 시작했고, 억제할 수 없는 인구 증가와 더불어 식량 수입의 막다른 골목에 들어섰다는 것을 지적하고 싶다. 이집트는 연간 800~900만 톤의 밀을 생산하는데, 그보다 많은 양을 러시아와 우크라이나에서 수입하고 있다. 선진국이나 농업 강국에서 곡물을 수입하면서 자국 농업의 잠재력이 억제되어 식량 자립을 할 수 없는 나라가 된 것이다.

또 하나 지적해야 할 것은 아프리카 개발도상국 농민들에게 1970~1990년대까지 선진국과 유엔기구가 했던 식량원조 프로그램이 오히려 독이 되었다는 사실이다. 가뭄과 같은 자연재해뿐 아니라 쿠데타, 부족분쟁 등으로 기아 문제가 반복해서 발생하는 아프리카에는 인도적 식량 지원이 계속해서 이루어져 왔다. 식량원조 프로그램은 많은 생명을 구했지만, 한편으로는 원조에 익숙해지는 현상도 불러왔다. 농민들이 스스로 경작하기보다 지원받은 식량에 의존하게 되어 농업이 쇠퇴하는 나라들이 생겨났고, 선진국들은 각기 내놓은 원조자금으로 자국의 잉여 농산물을 사들여 아프리카의 식량 지원으로 돌리는 이기적인 식량 공급 시스템을 무역 밖에서 구축해갔다. 실제로 농민들이 자신들의 농지에서 경작한 농산물을 국내 시장에서 판매하려고 해도 원조로 들어왔거나 저가로 수입한 밀이 넘쳐나는 시장에서 경쟁이 되지 않았을 것이다.

선진국 식량에 의한 개발도상국 농업의 쇠퇴라는 문제를 해결하기 위해 유엔세계식량계획WFP, World Food Programme 은 지원하는 식량을 가능한 한 개발도상국에서 조달하는 방향으로 전환하고 있다. 2021년 유엔세계식량계획이 식량을 지원한 인구는 120개국의 1억 2,820만 명에 달하며, 지원한 식량은 440만 톤에 달했다. 과거에는 지원한 식량 대부분이 선진국의 잉여 농산물이었지만, 2020년에는 지원 식량의 80%가 개발도상국에서 조달되었다. 개발도상국의 기아를 방지하는 동시에 개발도상국의 농업 재생을 추진, 경제와 식량의 자립을 촉구하는 전략이다. 이로써 선진국 농업이 무역자유화, 시장 개방이라는 명제로 아프리카 등의 개발도상국 농업을 압박하던 구조는 조금씩 개선되고 있다.

스스로 무너진 소련 농업

구소련 시대는 물론 러시아로 바뀐 이후에도 러시아는 세계 최대의 면적을 자랑하는 국가다. 시베리아 영구 동토(지온이 연중 영하인 토양-역주) 등 농경에 부적합한 땅이 많지만, 러시아 농업의 잠재력은 엄청나다. 하지만 농업과 식량을 둘러싼 역사는 비참하기 그지없다. 1917년 러시아 혁명과 연이은 1922년 소비에트 연방 설립 후 정부는 식량 확보와 공업화 추진을 위한 외화 획득 방책으로 수탈에 가까운 형태로 농촌에서 식량을 조달했다. 이 사태에 이른 것은 식량의 절대적 부족 때문이며, 그 근본적인 원인은 농민들의 생산 의욕이 높아지지 않았기 때문이다.

1921년 신경제정책NEP이 도입된 이후 일정 기간 농업 생산이 증가했으나 중앙의 과대한 조달계획이 미달되자 농업 경영의 규모를 확대하기 위해 콜호스kolkhoz(집단농장), 솝호스sovkhoz(국영농장) 등을 내세운 집단화가 추진되었다. 집단화 밑에서 농민들은 개인 농가처럼 생산 수단이나 수확물을 개인이 소유하지 않고, 급여를 받고 일하는 농업 노동자가 되면서 생산 의욕이 떨어졌고, 농업의 생산은 저하되었다. 그중에서도 계속된 중앙정부의 가혹한 작물 징수로 1932~1934년에는 우크라이나와 러시아를 흐르는 볼가volga강 유역에서 300만 명 이상이 굶어 죽은 대기근이 발생했다. 현실을 직시하지 않고 경제 원리를 무시한 정치 앞에서는 비옥한 체르노젬 지대에서도 기근이 발생하는 것이다.

제2차 세계대전 이후에도 농업은 소련의 최대 난제였다. 경제성장을 가속하고 군사력을 강화하기 위해 정부의 투자가 공업 부문에 집중되었던 터라 1950년대 들어서도 농촌의 전기 이용률은 20%에 미치지 못했다. 정부는 식량 생산을 안정화하기 위해 1960년대에 농촌과 농업에 투자를 확대하고 인프라와 농기계를 개선한 흐루쇼프Khrushchyov 농정으로 곡물 생산이 증가하긴 했지만, 농민들의 수입과 생산 의욕은 오르지 않고 낮은 그대로였다.

더 큰 문제는 소련의 인구가 점점 증가하면서 육류 생산을 위한 사료 곡물 수요가 급증해 곡물 수급에 차질을 빚게 되었다. 그로 인해 1960년대 곡물 수출국이었던 소련은 1973년 주식인 곡물을 순수입하는 나라로 전락했다. 1975년 말에는 냉전의 적국이었던 미국에서 연간 600만 톤 이상의 곡물 매입을 의무화하는 미-소 곡물 장기협정까지 맺게 되었다. 농업 강국이어야 할 소련 농업은 농민의 의욕을 끌어내지 못하는 사회주의 농정에 의해 스스로 무너졌다.

1985년 3월, 54세의 나이로 소련의 지도자가 된 미하일 고르바초프Mikhail Gorbachev 공산당 서기장은 페레스트로이카perestroika(개혁)와 글라스노스트glasnost(개방) 등의 민주화와 개혁 정책으로 알려졌지만, 그의 또 다른 얼굴은 농업 전문가다. 고르바초프는 소련 남부의 농업지대인 스타브로폴Stavropol 출신이다. 우크라이나와는 흑해를 사이에 두고 마주한 지역으로 러시아의 주력 농산물 수출항인 노보로시스크Novorossijsk와도 가깝다. 그는 이 지역의 농업 관료로 실적을 올려 1978년 중앙 농업 담당 서기로 발탁되어 모스크바 중앙 정계에 데뷔했다. 거의 죽어가는 소련 농업을 재건하는 과정에서 점차 두각을 나타내 당시 안드로포프Andropov 공산당 서기장이 지도자의 길이 열어줬다.

고르바초프가 내세운 정책 자체는 나아가야 할 방향이라고 해도 소련 체제는 이미 때늦은 상태였고, 고르바초프는 공산당과 소련의 마무리 역할을 했다. 다만 고르바초프 개혁이 기반이 되어 이후 푸틴 대통령이 농업 등의 경제면에서 성공을 거두었다는 점은 부인할 수 없다.

러시아 농업의 발전

소련이 붕괴한 이듬해인 1992년에 4,616만 톤이었던 러시아의 밀 생산량은 고르바초프 정권을 이은 옐친Yeltsin 정권 말기인 1998년에는 기후의 영향을 받아 2,699만 톤까지 감소했다. 1990년대 연방이 해체된 이후 러시아에서는 소련 시대의 농업과 식량 정책이 완전히 폐지되고, 가격이 자유화되는 등 충격요법이라고 해도 될 만큼 급진적으로 시장경제로의 이행이 추진되었다. 하지만 시장경제 시스템은 기반이 없는 나라에서 단기간에 구축할 수 있는 것이 아니었다. 러시아 경제는 대혼란에 빠져 실질 GDP가 1990~1998년에 40% 이상 축소되었고, 밀을 포함한 농업 생산도 크게 쇠퇴했다.

뒤를 이은 푸틴은 1999년 8월 총리에 취임했고, 대통령 대행을 거쳐 2000년 5월에 정식 대통령에 취임한 뒤 빠르게 농업 생산 회복에 힘을 쏟았다. 러시아 경제가 회복세로 돌아선 계기가 된 것은 1998년 외환위기로 루블화에 대한 달러 환율의 대폭적인 평가 절하와 원유 가격 상승이었다. 그러나 농업의 발전은 푸틴 대통령의 주도로 2006년 현재 러시아 농업 정책의 기본 틀인 '농업발전에 관한 러시아 연방법'과 이 법을 바탕으로 '농업발전계획'을 제정한 다음부터다. 그때부터 농업 생산을 진흥시키기 위한 융자 이자의 원조와 수입 곡물에 대한 관세할당제도 등 자국 농업을 보호하는 정책이 도입 및 강화되었다.

금리 수준이 일본이나 한국과 비교해 매우 높은 러시아에서는 이자 원조로 부담을 줄여주는 것이 농업 생산자가 운용 자금과 투자자금을 확보하는 데 매우 중요한 역할을 해왔다. 2000년 3,446만 톤이던 밀 생산은 흉년이었던 2003년을 제외하면 4,000만 톤 후반에서 5,000만 톤대로 늘어나 안정화되었고, 2008년에는 6,376만 톤에 달해 러시아는 세계 곡물 수출국의 중요한 일각을 차지하게 된다.

게다가 크림반도의 침공과 병합으로 러시아가 국제적인 제재를 받게 된 2014년 이후에는 서방 제재에 대한 대항 조치로 서구에서 식량 수입을 금지한 것이 결과적으로 자국 내의 식량 증산을 촉진시켰다. 밀이 2016년 이후 계속 7,000만 톤 이상 생산되어 러시아는 2020년에는 중국, 인도에 이어 세계 3위의 밀 생산국이 되었고, 곡물 전체로 보면 세계 4위의 농업 강국이 되었다. 밀 수출은 2014년 이후 급증했고, 2016년 이후에는 세계 최대의 밀 수출국으로 군림하게 되었다. 소련 시대에 만성적인 식량 부족에 시달려 미국에서 대량으로 밀을 수입한 국가라고는 생각할 수 없을 정도로 변모했다^{도표 1-1}.

러시아는 오늘날 세계 농산물 무역에서도 거대한 존재가 되었다. 2020년 밀 수출량은 3,727만 톤으로 1위인데, 2위 미국, 3위 캐나다를 각각 1,000만 톤 이상 앞질렀다. 푸틴 대통령

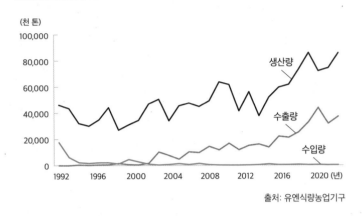

(천 톤)

출처: 유엔식량농업기구

은 밀과 같은 농산물을 석유, 천연가스와 더불어 러시아의 전략적 수출상품으로 바꿔 놨으며, 우크라이나 침공에 대한 제재에 맞서 석유, 천연가스와 함께 곡물 수출 제한으로 세계를 위협한 것은 이런 곡물 수출 능력을 높여온 푸틴 대통령의 자신감에서 비롯된 것이다.

꾸준히 곡물 생산을 늘려온 우크라이나

그렇다면 우크라이나는 어떨까? 러시아 침공 이후 지금까지 대부분 알지 못했던 러시아와 우크라이나의 여러 면이 소개되었다. 그중에서 주목할 점은 세계 유수의 곡물 수출국이라는 것이다. 우크라이나는 유엔식량농업기구_{FAO, Food and Agriculture} _{Organization of the UN}의 2020년 통계에서 곡물(쌀, 밀, 보리, 옥수수 등) 생산량이 세계 9위인 대규모 생산국이며, 수출 금액에서는 미국에 이어 2위를 차지하고 있다. 품목으로 보면 밀은 생산량에서 8위, 수출량에서는 5위다. 옥수수도 생산량은 5위, 수출량은 4위다. 4,400만 명의 국민 식량을 공급하는 데다 막대한 수출력을 갖췄다는 점이 우크라이나 농업의 실력이자 특징이라고 할 수 있다^{도표 1-2}.

앞에서 언급한 체르노젬 덕분에 생산이 확대될 잠재력도 크다. 2009년 우크라이나 농업을 현지 조사하기 위해 방문했을

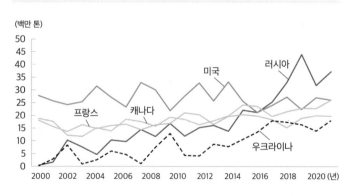

도표 1-2 · 세계 밀 수출량의 상위 5개국(2020년)

출처: 유엔식량농업기구

때 그 가능성을 실감했다. 수도 키이우Kiev에서 곡창지대인 동부 폴타바Poltava까지 기차를 타고 6시간 정도 이동했는데, 도중에 산은 하나도 보지 못했고 평탄한 대지만이 펼쳐져 있었다. 그곳은 전부 줄기가 휠 정도로 잘 익은 옥수수와 해바라기가 심겨 있는 밭이거나 풍요로운 목초지였다. 특이한 점은 체르노젬 대지에서는 관개시설을 거의 볼 수 없었다. 관개시설 없이 농업을 생각할 수 없는 아시아와는 사뭇 다른 풍경이었다.

안내해준 폴타바 농업국의 담당자에게 근처를 흐르는 드니프르Dnieper강에서 농업용수를 끌어오면 농업 생산을 더 늘릴 수 있지 않냐고 질문하자, "관개 설비에 투자해서 생산량을 늘린다는 발상은 해본 적이 없다"라는 답이 돌아왔다. 우크라이나에서는 몇 년에 한 번 풍년이 오면 그 후 몇 년 동안 수확이 없어도 먹고 살 수 있어서 무리한 증산은 의미가 없다는 것이었다. 체르노젬은 그만큼 풍요로움을 가져다주는 토양인 셈이다. 현재는 우크라이나 정부도 러시아와 마찬가지로 농업을 수출 산업으로 키우겠다는 전략을 갖고 있어 관개 설비와 화학비료 생산기지, 곡물창고, 수출항 등 농업 인프라 정비에 높은 관심을 보이고 있다. 다만 러시아 침공으로 기존의 많은 설비가 파괴되고 있어 안타까운 상황이다.

우크라이나의 곡물 생산량은 2000년에 2,381만 톤으로 세

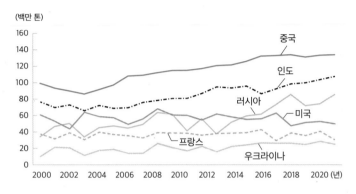

출처: 유엔식량농업기구

계 20위였지만, 2020년에는 6,432만 톤으로 2.7배 증가했다. 2013년 이후에는 매년 상위 10개국 안에 포함되어 세계 식량 생산 기지로 존재감을 더하고 있다^{도표 1-3}. 4,400만 명의 우크라이나 자국민의 소비로는 생산을 더 늘릴 필요가 없어서 2010년 이후의 곡물 증산은 대부분 수출을 목적으로 한다고 봐도 될 것이다. 2010년 이후 밀의 약 60%, 옥수수의 약 70%, 해바라기(착유용)의 약 90% 이상이 수출되어 우크라이나의 중요한 외화 수입원이 되고 있다.

우크라이나 곡물 수출의 순조로운 발전에는 중국이 깊게 관련되어 있다. 2013년 중국이 유럽, 아시아, 중동, 아프리카 지역과 경제, 외교, 문화 등 폭넓은 분야에서 관계를 강화할 목적으로 내세운 '일대일로—帶—路' 정책에 우크라이나도 포함되기 때문이다. 일대일로 정책 중에서 선행하는 형태로 2013년에는 중국-우크라이나 우호협력조약이 체결되었다. 주목해야할 것은 함께 체결된 농업 분야 협력이다. 농업 분야 협력의 핵심 중 하나는 중국이 우크라이나에 제공한 30억 달러의 융자로, 이 자금은 우크라이나의 농업 인프라 정비에 한정된다. 그담보로 우크라이나는 중국에 옥수수를 제공했다. 이는 두 나라가 농업과 식량에서 높은 상호보완 관계임을 보여주고 있다.

실제로 우크라이나는 융자를 이용해 농업 생산을 늘리는 동시에 수출 농작물을 보관하는 원탑형 대형 창고 사일로와 출하 설비를 건설해 수출을 급속히 확대해나갔다. 그중에서도 중국으로 가는 수출이 눈에 띄게 확대되었다. 중국이 우크라이나에서 수입한 옥수수의 양은 2013년 수만 톤에서 2021년에는 823만 톤까지 급격히 증가했다. 2021년에는 300만 톤의 보리도 수입했다. 중국의 국유 곡물 기업 코프코COFCO는 흑해로 흘러가는 드니프로강 하구에 위치한 미콜라이우Mykolaiv 항에 연간출하 능력이 250만 톤인 곡물 수출 터미널을 건설해 중국뿐 아니라 중동이나 아프리카를 향하는 수출에도 활용하고 있다.

코프코뿐 아니라 세계 최대의 미국 곡물회사 카길Cargill도 우크라이나에 투자를 확대하고 있는데, 우크라이나 최대 항만 도시인 흑해 연안 오데사Odessa 근교의 유즈니Yuzhny 항에 연간 출하 능력 500만 톤의 터미널을 보유하고 있다. 러시아 침공 전에는 추가로 200~400만 톤의 출하 능력을 확대할 예정이었다. 우크라이나 농업에는 세계 시장이 활짝 열려 있던 것이다.

우크라이나 농업을 이야기하는 데에 빼놓을 수 없는 것이 바로 해바라기다. 우크라이나의 해바라기는 주로 착유해서 해바라기유로 사용한다. 해바라기유는 요리에 필수인 여러 식용유 중에서도 건강에 이로우며 마가린에도 사용되는 다용도 기름이다. 우크라이나는 세계 최대의 해바라기유 생산국으로 세계 수출량의 절반 가까이 차지하고 있다. 해바라기유는 대부분 중동, 인도, 유럽 국가에 수출된다. 콩기름, 유채 기름, 팜유 등 세계 식용유 수급에 차질이 생겨 가격이 급등하는 가운데 해바라기유의 중요성은 꾸준히 높아지고 있다.

식량을 수입에 의존하는 개발도상국

러시아의 푸틴 대통령이 우크라이나를 침공한 후에도 국제 사회에 강경한 태도를 이어갈 수 있는 경제적 요인은 첫째, 유럽으로 가는 천연가스 공급량의 점유율이 높기 때문이다. 하지만 유럽 이외의 지역에 영향을 미치는 것은 많은 개발도상국에서 주식으로 먹고 있는 밀의 수출 점유율에 있다고 할 수 있다. 물론 선진국 소비자들은 실감하지 못할 것이다. 러시아의 밀 수출처는 2020년 기준으로 1위 이집트 825만 톤, 2위 튀르키예 790만 톤, 이하 방글라데시, 아제르바이잔, 수단, 파키스탄, 나이지리아, 예멘 순으로 이어진다. 즉, 선진국들은 러시아산 밀에 전혀 의존하지 않고 있다. 우크라이나의 밀 수출처도 이집트, 인도네시아, 방글라데시, 파키스탄, 튀르키예가 상위 5개국이며, 이하 튀니지, 모로코, 예멘, 레바논, 필리핀 순으로 이어진다.

2020년 유엔식량농업기구의 통계에 따르면 러시아와 우크라이나에서 들여오는 밀에 의존하는 비율은 이집트가 70%를 넘고, 레바논이 60%에 달한다. 튀니지는 밀뿐 아니라 옥수수를 포함한 곡물 전체의 80%를 러시아와 우크라이나에 의존하고 있다는 계산이 나온다. 약 50개국의 개발도상국이 수입하는 밀의 30% 이상을 이 두 나라에 의존하고 있는 것이다.

러시아의 우크라이나 침공이 일으킨 곡물 수급 차질은 중동, 아프리카, 아시아 등의 개발도상국을 강타해서 식량위기에 몰아넣었다. 위기는 우크라이나 동부만이 아니라 개발도상국의 식탁과 길거리에서 진행되고 있다고 해도 과언이 아니다^{도표 1-4}.

(천 톤)

국가	수입량
인도네시아	10,300
튀르키예	9,659
이집트	9,043
중국	8,152
이탈리아	7,994
알제리	7,054
브라질	6,160
필리핀	6,150
방글라데시	6,015
나이지리아	5,903

출처: 유엔식량농업기구

우크라이나와 러시아에서 곡물을 수입하는 이유

왜 우크라이나와 러시아의 밀이 중동과 북아프리카 개발도상국에서 높은 점유율을 차지하고 있을까? 답은 명쾌하다. 수확한 곳에서 소비하는 곳까지 수송하는 거리가 다른 주요 생산국보다 가깝고, 가격도 미국, 유럽, 캐나다, 호주와 비교해 저렴하기 때문이다. 우크라이나의 주요 수출항인 흑해 연안의 오데사와 미콜라이우, 러시아 노보로시스크에서 곡물을 가득 싣고 출항한 화물선은 흑해에서 지중해로 빠지는 다르다넬스-보스포루스 해협Straits of the Dardanelles and the Bosporus을 통과해 지중해를 남하하면 3~4일 만에 이집트 포트사이드Port Said에 도착한다. 대서양을 횡단해서 지브롤터Gibraltar 해협을 빠져나가 지중해로 들어가는 미국이나 캐나다의 화물선 수송에 비해 압도적으로 짧은 시간에 도착하는 것이다도표 1-5.

또한 러시아와 우크라이나의 밀 수출 가격과 미국, 캐나다, 호주의 수출 가격을 비교하면 2015년 우크라이나의 밀 수출 단가는 미국산 밀의 62.1%, 러시아산은 70.2%에 불과했다. 2020년에는 가격 차가 약간 줄어들었다고 해도 우크라이나의 밀 수출 단가는 미국산의 82.3%, 러시아산은 89.7%에 그치고 있다. 캐나다산이나 호주산과 비교해도 우크라이나와 러시아의 밀이 저렴하다. 품질은 떨어지더라도 20~40%의 가격 차이는 개발도상국에 결정적으로 작용하므로 우크라이나와 러시아산 밀을 선호할 수밖에 없다.

기아에 직면한 개발도상국에 긴급 식량을 원조할 때 유엔 세계식량계획이 조달하는 밀도 가격이 저렴한 우크라이나산이 선택되는 경우가 많다. 우크라이나는 생산량과 더불어 재고가 풍부한 탓에 긴급 시 물량을 조달하기가 쉽기 때문이다. 2010

식량위기, 이미 시작된 미래

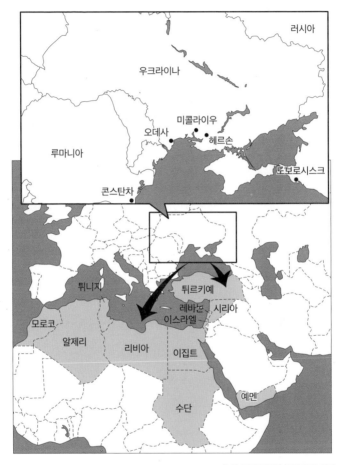

출처: 각종 자료를 통해 직접 작성

년 이후 해바라기유 등을 포함해 우크라이나는 유엔세계식량계획의 긴급 원조용 식량의 최대 공급국이 되었다. 우크라이나는 한마디로 세계 각지에서 발생하는 식량위기의 안전망인 셈이다.

그러나 러시아가 우크라이나를 침공하면서 상황은 급변했다. 흑해 연안이 전투지대가 된 데다가 러시아의 흑해 함대가 우크라이나의 항로를 봉쇄해서 곡물 출하가 불가능해진 것이다. 러시아도 국제 제재에 가담하지 않은 우방국에 곡물을 수출하려 해도 수송선에 가입하는 선박보험을 맡아줄 업체가 없어서 선박 운항에 어려움을 겪었다. 러시아 기업들이 국제 제재에 따라 국제은행간통신협회SWIFT(스위프트) 결제망에서 제외되면서 손해보험료 납부와 곡물 수출 결제 자체가 불가능해졌기 때문이다.

앞서 언급했듯이 2020년 우크라이나와 러시아의 밀 수출량 합계는 약 5,500만 톤에 달한다. 1인당 연간 100킬로그램의 밀을 소비한다고 가정하면 흑해에서의 수출 중단이 5억 5,000만 명분의 식량을 빼앗은 것이다. 이렇게 막대한 양의 밀이 국제시장에서 자취를 감추자 전 세계가 들썩였다. 밀의 국제지표 가격인 시카고상품거래소의 선물가격은 우크라이나 침공 시작부터 2주가 채 되지 않은 2022년 3월 7일, 1부셸bushel(곡물, 과실 등의 무게를 잴 때 쓰는 단위로 미국 기준 1부셸은 약 27.2킬로그램-역주)당 1,310센트로, 통계가 작성된 1972년 이후 최고치를 경신했다. 침공이 시작되기 전인 2월 23일보다 49.9%, 한 달 전인 2월 7일보다 70.3%나 상승했다.

월 단위로 보면 3월의 밀 가격은 전월 대비 37.5% 상승했다. 밀 가격만이 아니라 식물 기름이나 에너지 가격 급등에 따른 수송비 상승 등에 영향을 받아 식품 가격이 전반적으로 상승해 유엔식량농업기구가 산출하는 세계 식량 가격 지수 (2014~2016년을 100으로 한다)는 2022년 3월에 159.3으로 최고치를 기록했다.

이 책을 집필하는 시점에서 이런 시황의 변화는 일시적이었다고 할 수 있다. 시카고상품거래소의 밀 선물가격은 4개월 후인 7월 초에 급락해 침공 전의 가격으로 돌아갔다. 하지만 곡물, 에너지(석유 등), 광물자원(구리, 알루미늄 등) 같은 생활필수품의 시황은 한 번 달성한 최고치에 시장 참여자가 저항을 느끼지 않아 전쟁, 이상기후, 정변 등 가격을 움직이는 현상이 일어나면 쉽게 최고치까지 치솟는 '가격 기억성'이 있다. 그래서 더 심각한 사태가 생기면 사상 최고치 경신을 시도하는 움직임이 나온다. 생활필수품 시장에 막대한 투기자금이 유입되는 상황은 식량 가격이 이슈에 반응해 실수요와는 무관하게 고점으로 올라갈 리스크가 있다. 이는 투기자금이 초래하는 기아라고 해도 될 것이다.

제2차 세계대전 이후 가장 위험한 기아 리스크

러시아의 우크라이나 침공 몇 주 만에 곡물 가격이 급등하면서 수입할 수 있는 식량이 줄어들자 자국 내에서도 가격이 급등해 식량을 살 수 없는 저소득층이 세계적으로 증가했다. 몇 주 전까지만 해도 아무 일 없던 서민들이 식량을 사지 못해 영양 결핍과 급성 기아 상태에 내몰린 것이다. 2021년 코로나19의 확산으로 사람의 이동이 제한되고 물류 체인이 정체되어 유가와 곡물 가격은 전보다 한 단계 높아졌고, 이에 따라 2022년 초 유엔세계식량계획이 지원하는 81개국에서 2억 7,600만 명이 급성 기아에 직면했다. 이는 사상 최고치이며, 코로나19 이전보다 1억 2,600만 명이나 증가한 수치다.

이런 급성 기아 인구를 포함해 2021년에 기아의 영향을 받고 있는 인구는 세계 총인구의 9.8%에 해당하는 8억 2,800만 명이다. 이는 전년인 2020년보다 4,600만 명 급증한 것으로, 2019년과 비교하면 1억 5,000만 명이나 증가했다. 이 데이터는 2022년 유엔식량농업기구, 유엔세계식량계획 등 유엔의 5개 기관이 공동으로 작성한 〈세계 식량안보와 영양 상태The

State of Food Security and Nutrition in The World〉라는 보고서로 식량을 둘러싼 상황의 심각성을 반영하고 있다.

유엔세계식량계획 사무총장 데이비드 비즐리Davld Beasley *는 2022년 3월 29일 유엔안전보장이사회에서 "우크라이나 분쟁이 수습되지 않을 경우 81개국에서 새로운 급성 기아가 4,700만 명 발생해 제2차 세계대전 이후 가장 위험한 기아 리스크가 다가올 것이다"라고 경고한 바 있다. 실제로 유엔세계식량계획의 원조 비용은 식량, 연료, 수송비의 급등으로 매월 7,100만 달러 증가하고 있어 결과적으로 유엔세계식량계획이 지원할 수 있는 인구가 400만 명 줄어들 것으로 추정한다. 물리적인 공급 감소뿐 아니라 가격 급등도 국제적인 긴급 지원의 규모를 예산 측면에서 옥죄어 구제할 수 있는 기아를 방치하게 하고 있다.

게다가 국제 사회는 아프리카나 중동 등 빈곤국의 기아 문제에 관심이 없다. 유엔세계식량계획은 2022년 6월 14일 성명에서 원조금이 부족한 와중에 고물가 등의 영향으로 남수단의 식량 지원 대상을 620만 명에서 450만 명으로 감축한다고 발표했다. 유엔에 따르면 우크라이나 원조에는 필요한 금액의 약 80%에 해당하는 약 17억 6,350만 달러가 모였지만, 남수단

* 2023년 3월 신디 매케인Cindy McCain이 새로운 사무총장으로 임명되었다.

을 지원하는 데에는 약 4억 7,200만 달러만 모여 요청액의 약 28%에 그쳤다. 스테판 뒤자리크Stéphane Dujarric 유엔 사무총장 대변인은 2022년 7월 15일 기자회견에서 "우크라이나에 대한 대응은 훌륭하다. 하지만 아프리카로 눈을 돌리면 자금이 부족하다"라며 국제 사회의 지원을 당부했다.

곡물 가격의 급등으로 세계의 언론은 '아랍의 봄'의 재래를 우려하는 기사를 다수 내보냈다. 다행인 건 우크라이나 침공의 추이는 그런 염려를 높였지만, 결과적으로는 식량 폭동이나 정권 타도의 시민운동 등으로 발전한 경우는 거의 없었다. 스리랑카에서 물가 상승에 항의하는 시위가 격화되는 대혼란이 발생했지만, 이것은 식량보다는 휘발유 부족이 도화선이 되었고, 경제 운영 실패에 따른 채무위기가 주된 요인이었다. 우크라이나 위기와 시기가 겹쳤을 뿐 본질적으로 식량위기라고 할 수 없다.

본격적인 위기는 이제부터

유엔식량농업기구가 공표한 급성 기아 인구가 역대 최대였으나 폭동이나 기아 등을 회피할 수 있었던 가장 큰 이유는 시차 효과라고 해도 될 것이다. 농업은 파종, 수확이라는 중요한 시기가 있다. 전 세계가 우크라이나로부터 밀과 옥수수를 수입하지 못해 당황한 시점은 사실 전쟁 발발 전년도인 2021년에 수확한 우크라이나의 밀이 거의 수출을 완료한 상태였다.

우크라이나 2021/22 곡물 연도(2021/7~2022/6)의 밀은 90% 정도가 겨울에 재배하는 밀로, 2020년 9~10월경 파종해 겨울을 넘겨 2021년 7~8월에 수확기를 맞았다. 수확한 대부분의 밀이 수출된 것은 같은 해 8~12월이며, 이 과정은 매년 반복되는 통상적인 시간표다. 밀 수출을 끝내고 곡물 창고를 비워두지 않으면 다음 수확을 맞이하는 옥수수나 해바라기 등의 농산물을 보관할 창고가 부족해진다. 미국 농무부USDA의 2022년 6월 10일 발표에서도 확인할 수 있는데, 2021/22년도 우크라이나의 밀 수출은 100% 가까이 완료되어 러시아 침공의 영향을 받지 않았다.

러시아의 수출 밀은 주로 우랄산맥 서쪽의 유럽 러시아(러시아 서부이자 유럽 대륙 내-역주)지역에서 생산되는데, 이 지역도 대부분 겨울 밀이라 파종과 수확 시기가 우크라이나와 비슷하다. 즉, 러시아가 우크라이나를 침공한 2월 말에는 두 나라가 수출하는 2021/22년도 밀이 이미 대부분 수출되어 침공 영향을 적게 받았던 것이다. 식량위기가 닥칠 것이라고 말했던 세계 언론들은 사실 처음부터 이를 인식하지 못하고 전년도에 수확한 밀을 출하할 수 없다고 착각했을 가능성이 있다.

물론 영향이 아예 없었던 것은 아니다. 러시아의 우크라이나 침공으로 가장 먼저 영향을 받은 것은 우크라이나의 2021/22년도 옥수수 수출이다. 우크라이나의 옥수수는 4~5월에 씨를 뿌리고, 그해 9~11월에 수확해서 대부분 10월부터 이듬해 5월까지 수출되는데, 전쟁 탓에 중단되었다. 해바라기유도 수확 시기와 수출 시기가 비슷해서 마찬가지로 영향을 받고 있다. 2022년 6월 시점에서 우크라이나 남부 항구가 봉쇄되면서 2,200~2,500만 톤의 곡물이 수출되지 못해 창고에 쌓여 있고, 7~8월에는 2022/23년도 밀과 보리, 유채 등이 수확기를 맞이하고 9월부터는 옥수수와 대두가 수확기를 맞이해 재고 곡물을 빨리 수출하지 못하면 새로 수확한 곡물의 상당수가 야적되어 시간이 지나면 폐기될 우려가 크다. 8월 초순 시점에서 수출이 일부 재개되었지만, 예측을 불허하는 상황이 이어지고 있다.

식량 안보의 열쇠, 쌀

러시아가 우크라이나를 침공하면서 밀과 옥수수, 석유, 천연가스 등의 가격이 일제히 급등한 가운데 쌀만은 시세가 흔들리지 않았다. 밀과 쌀은 대체재라 밀 가격이 급등하면 쌀 수요가 증가해 가격이 오를 수 있는데, 그런 예측은 빗나갔다. 밀과 쌀의

세계 식량위기 속에서도 안정적으로 수급이 이뤄지고 있는 쌀

대표적인 가격으로 세계은행이 공표하고 있는 미국 밀과 태국 쌀의 가격 추이를 살펴보자.* 기록을 추적할 수 있는 1960년 1월부터 2022년 2월까지 62년 동안 쌀 가격은 일관되게 밀 가격을 웃돌았다.

　이 기록이 러시아의 우크라이나 침공으로 처음 무너졌다. 2022년 3월에 밀 가격이 1톤당 400달러를 크게 돌파해 쌀 가격을 넘었다[도표 1-6]. 그 이후 밀 가격이 쌀 가격보다 비싼 상황이 이어지고 있고, 밀 가격은 4월에 500달러대를 넘었다. 그사이 쌀 가격은 아주 조금 올랐지만, 5월 가격은 1년 전인 2021년 5월 가격을 밑돌고 있어 매우 안정된 움직임을 보이고 있다.

　밀 가격이 폭등하면 그 수요가 가격이 저렴한 쌀로 옮겨갈 것 같지만, 실제로 그런 일은 발생하지 않았다. 미국 농무부의 통계에서 2021년 세계 쌀 수출량은 5,291만 톤으로 전년 대

* 미국은 밀, 태국은 쌀의 전통적인 수출국으로 두 나라의 수출 가격이 밀과 쌀의 기준이 된다.

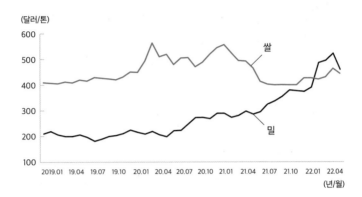

(달러/톤)

쌀

밀

2019.01 19.04 19.07 19.10 20.01 20.04 20.07 20.10 21.01 21.04 21.07 21.10 22.01 22.04

(년/월)

출처: 세계은행

비 0.9% 증가한 198만 톤 늘었고, 2022년에는 5,420만 톤으로 129만 톤이 늘었는데, 이는 전년 대비 0.3% 증가한 데 불과했다. 인도는 세계 최대의 쌀 수출국으로 2021년 세계 수출의 약 40%를 차지했는데, 인도의 쌀 수출 가격은 2022년 7월에 들어서도 낮게 머물며 안정세를 보이고 있다.

이런 가격의 움직임은 몇 가지 시사하는 바가 있다. 수급의 관점에서 말하자면, 앞서 설명했듯이 우크라이나와 러시아의 2021/22년도 밀은 거의 수출이 끝나서 전 세계에 당장 밀 부족 현상이 일어나지 않았고, 밀 부족을 쌀로 전환해서 벗어나려는 움직임도 발생하지 않았음을 보여준다. 아직까지는 아프리카도 중동의 개발도상국도 필요한 양의 밀을 기본적으로 확보할 수 있었던 것이다.

하지만 더 본질적인 배경은 아시아의 주식인 쌀은 주요 소비국들이 자급자족할 수 있는 생산체제를 거의 구축하고 있어 대량으로 수입하는 곳이 필리핀 정도밖에 없다는 점이다. 중국도 수백만 톤 규모로 쌀을 수입하고 있지만, 인도나 방글라데시의 바스마티 라이스basmati rice(독특한 향이 나는 쌀) 같은 고급 품종을 기호식품으로 수입하거나 돼지나 새의 축산 사료로 싸라기를 수입한다. 모두 세계 시장에서 수급에 차질이 생기면 쉽게 멈출 수 있는 수요다.

쌀은 주로 논에서 재배하기 때문에 물의 정화 작용으로 연작하는 데에 별문제가 없어서 생산량을 안정시키기 쉽다. 또한 많은 인구를 보유한 아시아에서는 식량 확보가 통치자의 최대 사명이 되어 쌀의 생산, 유통, 비축을 정부가 관리하는 국가가 많다. 이른바 식량 관리 제도로 관리 기능이 제대로 돌아가 쌀이 충분히 비축되어 쌀값이 안정되어 있다. 아시아의 쌀 식량 관리 제도는 쌀값이 전년 대비 99.2%나 상승한 2008년의 경험*

---

* 미국의 바이오 연료 활성화 정책으로 곡물 가격이 급등하고, 여기에 신흥국들의 곡물 수요까지 증가해 세계적으로 곡물 가격이 상승했다. 이때 농업의 인플레이션을 의미하는 '애그플레이션agflation'이라는 용어가 자주 등장했는데, 현재 세계는 또 다시 애그플레이션을 우려하고 있다.

을 통해 각국이 가격 안정화를 위한 정책과 제도를 강화한 성과라고 할 수 있다. 식량 가격의 급등에 고심하는 나라들은 배울 점이 많을 것이다.

제2장

육류 소비의 확대가
기아를 만든다

주식 곡물을 압박하는
축산 사료

인간의 식욕은 경제 발전과 함께 늘어났다. 20세기의 세계 농업은 인류의 주식이 되는 쌀과 밀의 생산을 늘려서 식량 부족이 가져오는 절대적 기아를 지구상에서 없애는 데에 거의 성공했다. 인류사의 획기적인 도달점이라고 할 수 있다. 하지만 최빈국의 서민, 목숨을 지키기 위해 모국에서 탈출한 난민, 선진국과 신흥국에서 직업을 잃고 건강이 나빠져 사회적 약자가 된 사람들처럼 충분한 영양을 섭취하지 못해 사회적 기아라고 불리는 비극은 지금도 계속되고 있다.

선진국에 이어 신흥국과 개발도상국 일부가 경제적으로 풍요로워지고 과식과 포식이 확산하면서 새로운 식량문제가 모습을 보였다. 바로 육식의 확대다. 1980년대 이후 세계 농업은 인간이 주식으로 먹는 곡물을 증산하기보다 축산 사료용 옥수수와 콩(착유한 후의 콩깻묵을 이용)의 증산으로 중심축을 옮기고 있다. 많은 사람들이 모르는 사이에 가축의 먹이를 생산하는 것이 인간의 주식과 어깨를 나란히 하는 농업의 기둥이 되기 시작한 것이다.

2022년 7월 말, 유엔과 튀르키예가 중재하고 러시아가 안전을 보장하는 형태로 전쟁 중인 우크라이나 오데사 항에서 5개월 만에 출항한 곡물 운반선에는 인간의 주식이 아니라 가축 사료용 옥수수가 실려 있었다. 이는 세계 농업과 음식의 실태를 상징적으로 보여준다. 육류 수요가 급증하고, 옥수수 등의 사료 재배가 확대하면 언젠가 가축의 먹이가 인간의 주식인 쌀과 밀의 농지를 빼앗거나 사료 재배를 위해 더 많은 농지가 개척될 수 있다. 이것은 추가 삼림 벌채와 온실가스GHG 배출 등으로 지구 환경을 한층 더 파괴하게 될 것이다. 새로운 식량위기의 싹이 육식의 배후에서 크게 자라기 시작했다.

쌀과 밀에서 옥수수와 대두로

전 세계는 러시아의 우크라이나 침공으로 촉발된 곡물 가격 급등으로 식량, 특히 인간의 주식인 밀의 부족을 우려하고 있다. 그런데 1980년대 이후부터는 쌀과 밀이 부족한 적이 없었다.

식량위기, 이미 시작된 미래

쌀과 밀의 국제가격은 2008년과 2010~2011년 등 특정 연도를 제외하면 늘 공급 과잉을 의미하는 장기 침체 상태다. 물론 유엔식량농업기구에 따르면 1980~2020년까지 40년간 연평균 생산량은 쌀 1.6%, 밀 1.4%로, 인구 증가에 따른 주식 수요의 증가분에 상응하는 정도로 낮은 증가세를 보이긴 했다.

그런데 1980년 이후 생산이 저조하게 성장한 쌀과 밀을 제치고 높은 성장세를 보이며 존재감이 확 올라간 곡물이 있다. 바로 옥수수다. 옥수수의 생산량은 연평균 2.7%의 높은 성장을 지속 중이다. 옥수수는 보리, 수수, 귀리, 호밀 등 주식 이외의 다양한 곡물과 함께 거친 곡물로 불리며 축산용 사료로 많이 사용된다.

특이한 점은 여러 거친 곡물 중에서도 옥수수는 월등히 많이 생산되고, 나머지는 축소되거나 약간의 증가에 그치고 있다는 것이다. 전체 곡물 생산 중에서 종별 생산 점유율은 1980~2020년 사이에 쌀은 25.6%에서 25.3%로 거의 보합세고, 밀은 28.4%에서 25.4%로 3% 하락했다. 이에 비해 옥수수는 25.6%에서 38.8%로 13.2%나 증가했다. 그 외 거친 곡물의 점유율은 20.4%에서 10.6%로 9.9% 감소했다.* 우리는 1980

---

* 끝수를 포함해서 계산하고 있으므로 책 속에 등장하는 격차나 증감률이 본문 내의 수치 계산과 일치하지 않는 경우가 있다.

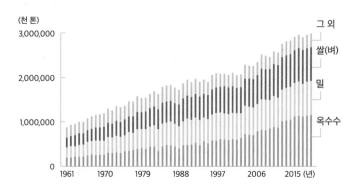

출처: 유엔식량농업기구

년 이후 세계 곡물의 생산 구도가 격변했음을 인식할 필요가 있다^{도표2-1}.

쌀은 전통적으로 아시아의 주식 곡물이며, 생산 지역도 아시아가 압도적으로 많다. 밀은 전통적으로 유럽의 주식 곡물이었으나 아시아, 미주, 호주로 확산되었고, 사하라 이남의 아프리카를 제외하고 세계 전역에서 주식 또는 주식에 준하는 지위를 얻었다. 옥수수는 전통적으로 북남미 대륙의 주식 곡물로 아프리카 등으로 퍼져 나갔다. 지금도 여전히 멕시코 등 중미 지역의 주식이며, 사하라 이남 아프리카 지역 정도에서만 주식 곡물이 되었다. 이런 지역을 제외하면 옥수수는 기본적으로 사료 곡물로 활용되지 인간의 주식은 아니다.

2019년 전 세계의 곡물 생산량 중에서 인간이 직접 소비하는 쌀과 밀 등의 주식 곡물이 44.9%를 차지해 최대 점유율을 보였지만, 가축의 먹이가 되는 사료 곡물도 33.2%로 3분의 1에 달한다. 사료 곡물 내역은 옥수수 58.4%, 밀 16.8%인데, 밀은 잉여분을 사료로 돌리고 있다. 그 외에 4장에서 다룰 바이오 연료의 원료로 옥수수나 밀이 대량으로 이용되어 바이오 연료용 곡물의 점유율은 10% 가까이에 달한다. 이제 곡물은 인간이 점유하는 식량이 아니라 다양한 용도로 활용되고 있고, 인간의 주식으로 사용되는 비율은 오히려 지속적으로 감소하고 있다.

사료 작물의 생산 확대는 옥수수뿐만이 아니다. 동물 사료는 인간의 식사와 마찬가지로 곡물에 의한 탄수화물 외에 단백질도 필요로 하는데, 축산업의 단백질 수요 증가에 대응한 것은 대두였다. 대두는 '밭의 고기'라고 할 정도로 단백질 함량이 높다. 말린 대두의 중량을 기준으로 하면 30% 이상이다. 한국, 일본, 중국을 비롯한 아시아에서는 두부, 된장 등 대두를 원료로 만든 식품이 많은데, 아시아인의 건강과 장수를 돕는 매우 중요한 단백질원이다. 사실 대두는 잠두콩, 붉은강낭콩, 병아리콩 등 다른 콩보다 크기가 작다. 다만 영양가가 가장 높고 사람

에게 도움이 되는 식품이라서 존경과 감사의 뜻을 담아 '대大'
자를 붙여 '대두'라 부르게 되었다는 설이 있다.

대두의 유용성은 단백질만이 아니다. 대두에는 지질(지방산)
도 많아서 말린 대두의 중량에서 약 20%는 지질이 차지한다.
그것이 식물 기름의 일면을 차지하는 콩기름이 된다. 이 때문
에 전 세계 농업통계에서 대두는 콩류에 속하지 않고 유채, 해
바라기, 참깨, 기름야자 등 착유해서 식물 기름을 생산하는 유
량 종자에 포함되어 있다. 기름을 짜낸 후 남은 잔여물인 콩깻
묵은 매우 중요한 단백질 원료가 되어 현재 세계에서 가장 중
요한 축산 사료로 쓰이고 있다. 다른 콩류의 단백질 함량은 약
20%, 지질은 2%밖에 되지 않는 것에 비해 대두 콩깻묵의 단백
질 함량은 44~48%로 매우 높다. 대두는 그만큼 유용한 농산
물이다.

사료 작물의 생산 지도

2020년 세계 전체의 곡물 생산량은 약 30억 톤이다. 그중 밀과
쌀(벼 기준)은 약 7.6억 톤, 옥수수는 11.6억 톤으로, 옥수수 생산
량이 주식 곡물을 넘어섰다. 1헥타르당 수확량으로 봐도 2020
년 밀은 3,474킬로그램, 쌀은 3,072킬로그램(정미 기준)이지만,
옥수수는 5,755킬로그램으로 월등히 높다. 옥수수는 생산량에

서 세계 최대 곡물로 종종 공업화된 농업의 대표로 꼽히는데, 그 실태는 아이오와주 등 미국 중서부 곡창지대를 돌면 알 수 있다.

옥수수의 주요 생산국은 미국, 중국, 브라질이며, 이 3개국에서 세계 생산량의 60%를 차지한다. 일본에서도 유전자 변형 GMO 옥수수가 수백 킬로미터에 걸쳐 재배되고, 화학 비료와 농약을 과학적으로 살포해 드론이나 대형 농기계로 파종과 수확까지 하고 있다. 공장의 생산라인 같은 농원이 지평선까지 펼쳐져 높은 생산성과 원가 경쟁력을 자랑한다. 하지만 쌀과 밀에 더해서 다양한 채소와 유량 종자를 혼작하는 아시아의 농촌지대 같은 생물 다양성은 없다.

대두 생산량도 2020년에 3억 5,346만 톤에 달해 1980년의 8,104만 톤보다 4.4배 증가했다. 3.8%라는 경이적인 연평균 증가율은 옥수수의 2.7%보다 1% 더 높은 수치다. 이로써 대두는 쌀, 밀, 옥수수에 이어 세계 4위의 생산량을 자랑하는 작물이 되었고, 옥수수와 마찬가지로 미국, 브라질, 중국 등 3개국에서 전 세계 생산량의 70%를 재배한다.

2017년까지 세계 최대의 대두 생산국이었던 미국의 대두 재배 역사는 결코 길지 않다. 아시아에서 가지고 온 대두를 미국에서 착유용이나 사료용으로 재배하기 시작한 것은 19세기 때였다. 미국의 경제 수준이 높아지고 인구가 증가하면서 육류 수요가 늘어나자 우량 사료가 되는 대두의 생산이 확대되었고, 마침내 미국은 세계 제일의 생산국이 되었다. 하지만 1990년대 중반 이후 중국의 수요 증가에 대응해 브라질이 대두 생산을 빠르게 확대하면서 2018년 브라질이 미국을 제치고 세계 최대의 대두 생산국이자 수출국으로 이름을 올렸다. 2020년에는 브라질의 대두 생산량이 1억 2,180만 톤으로 미국을 8.2%나 넘었다. 브라질과 미국은 전 세계의 66.3%라는 압도적인 대두 생산 점유율을 차지하며, 육류 생산에 깊이 관여하는 옥수수와 대두라는 작물을 사실상 이 두 나라가 지배하고 있다고 해도 과언이 아니다.

세계 육류 생산 증가를 이끈 닭고기

사료 작물의 대폭적인 생산 증가는 육류 생산의 급속한 확대를 의미한다. 유엔식량농업기구의 데이터에 따르면 1980~2020년의 40년 동안 세계의 육류 생산량은 1억 3,673만 톤에서 3억 3,718만 톤으로 약 2.5배 확대되었다. 연평균 증가율이 2.3%로 세계 총인구의 평균 증가율 1.7%를 웃돈다. 인류의 음식이 본격적으로 곡물과 채소에서 육류로 확대되기 시작한 것이다.

전 세계에서 소비되고 있는 육류의 종류는 닭고기, 돼지고기, 소고기, 양고기, 염소고기, 낙타고기, 오리고기 등 매우 다양한데, 그중 1980년대 이후 생산량이 가장 빠르게 확대된 것은 닭고기다. 같은 기간에 닭고기가 2,290만 톤에서 1억 1,950만 톤으로 5.2배 증가했을 때, 돼지고기는 5,267만 톤에서 1억 984만 톤으로 2.1배 증가했고, 소고기는 4,557만 톤에서 6,788만 톤으로 상대적으로 낮은 1.5배의 증가세를 보였다. 닭고기, 돼지고기, 소고기는 1980년 이후 지속적으로 전체 육류 생산량의 약 90%를 차지해 3대 육류라고 불리는데, 그중에서도 닭고기의 생산 확대가 두드지면서 세계 육류 생산의 증가를 이끌었다.

세계의 육류 총생산량에서 닭고기가 차지하는 비율은 1980년 16.7%에서 2020년 35.4%로 18.7%나 확대되었다. 이에 반해 돼지고기의 비율은 38.5%에서 32.6%로 5.9% 축소되었고, 소고기도 33.3%에서 20.1%로 13.2%나 감소했다. 돼지고기는 점유율이 줄어들었지만, 여전히 닭고기와 전체 육류 생산량에서 어깨를 나란히 하는 점유율을 보이고 있다. 소고기의 점유율이 낮아진 것은 생산과 소비의 증가세가 완만하기 때문이다. 돼지고기와 소고기를 비교하면 1980~2020년에 돼지고기는 5,716만 톤이 증산되었지만, 소고기는 2,232만 톤으로 돼지고기의 절반 이하에 그쳤다. 한국도 1인당 육류 소비량(58킬

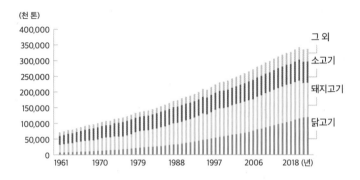

(천 톤)

400,000
350,000
300,000
250,000
200,000
150,000
100,000
50,000
0

1961   1970   1979   1988   1997   2006   2018 (년)

그 외
소고기
돼지고기
닭고기

출처: 유엔식량농업기구

로그램)이 쌀 소비량(56킬로그램) 수준으로 증가했는데, 식약청에 따르면 축산물 수입 증가율이 소고기는 2.3%에 그쳤지만, 돼지고기는 25.9%, 닭고기는 54.0%로 큰 폭으로 증가했다(2022년 기준). 전 세계의 육류 소비를 닭고기와 돼지고기가 이끄는 시대에 접어든 것이다 [도표 2-2].

앞으로 세계의 육류 생산은 인구 및 소득 수준과 함께 계속 확대될 것이다. OECD-FAO는 닭고기의 생산 증가율이 돼지고기와 소고기를 넘을 것이라고 예상하며, 2030년 닭고기 생산량이 2018년보다 23.0% 증가하는 데에 비해 돼지고기는 5.6%, 소고기는 6.8% 증가로 전망하고 있다.

닭고기의 생산이 크게 증가한 주요인은 소비자 단계에서 소고기나 돼지고기에 비해 가격이 저렴하기 때문이다. 사료 효율이 높고(더 적은 먹이로 성장), 가격이 저렴하며 지방이 적고 양질의 단백질이 풍부하다는 이미지가 있어 건강식품으로도 여겨진다. 다른 면에서 닭고기를 선호하는 요인은 종교적 규범이다. 소고기를 먹지 않은 힌두교와 돼지고기를 먹지 않는 이슬람교 양쪽이 다 먹을 수 있는 닭고기는 세계 어디에서나 유용한 육류다.

육류 사료의 효율을 살펴보면, 일본에서 육류 1킬로그램을 생산하는 데에 필요한 곡물량은 소고기가 11킬로그램, 돼지고기가 6킬로그램, 닭고기가 4킬로그램이라고 한다. 미국에서 비육우는 생체중(살아 있는 생물의 무게-역주) 1킬로그램을 생산하기 위해 건조 중량으로 약 7킬로그램의 곡물이 필요하며, 돼지도 마찬가지로 약 4킬로그램의 곡물이 필요하다. 반면 가금류(인간에게 유용하게 길들이거나 품종을 개량한 조류-역주)는 건조 중량으로 2킬로그램 남짓의 곡물로도 충분히 성장할 수 있다. 다만 생체중에는 뼈가 포함되어 있기 때문에 순수 고기는 생체중에서 40~50% 정도밖에 얻을 수 없다. 한국 국립축산과학원 자료에서도 육류 1킬로그램 생산을 위해 소는 곡물 7~8킬로그램, 돼지는 3.5~4킬로그램인 것에 비해 닭은 1.5~2킬로그램으로 닭의 사료 효율이 높다는 것을 확인할 수 있다. 이렇듯 닭고기는 비육(가축을 살 찌우는 것으로, 도축 전 150~180일 정도의 기간 동안 곡물 사육을 하는 경우가 많다)할 때 사료 효율이 매우 높다는 장점이 있다. 세계에서 사육되는 가축의 개체 수는 2020년에 닭이 331억 마리, 소가 15억 마리, 돼지가 9.5억 마리로 닭 보급이 현저히 높다.

축산 강국인 미국, 중국, 브라질

옥수수와 대두와 마찬가지로 육류 생산량의 3대 강국도 미국, 중국, 브라질이다. 2020년 전 세계 육류 생산량에서 세 나라가 차지하는 비율은 45.4%로 절반에 육박한다. 주목할 만한 것은 중국의 육류 생산 증가세다. 1980~2020년의 40년 동안 중국의 육류 생산량이 세계에서 차지하는 점유율은 10.0%에서 22.4%로 2배 이상 커졌다. 브라질도 3.9%에서 8.6%로 2배로 증가했으나 미국은 17.9%에서 14.4%로 3.4% 감소했다.

 3대 육류 중 닭고기는 미국이 최대 생산국이다. 2020년에는 1980년보다 3.8배나 증가한 2,049만 톤으로 소와 돼지와 비교해 생산량이 엄청나게 늘어났다. 그다음으로 중국은 1980년보다 16배나 급증해 1,514만 톤, 3위인 브라질은 1980년 대비 10.1배 증가한 1,379만 톤을 기록했다. 비록 지난 40년간 미국의 점유율은 떨어지고 중국과 브라질의 점유율은 확대되었지만, 그래도 미국은 전체 생산량에서 17.1%를 차지하며 중국(12.7%)과 브라질(11.5%)보다 훨씬 높은 비율을 보이고 있다. 이 3개국에서 전 세계 닭고기 생산량의 약 40%를 차지하고 있는 셈이다.

돼지고기 생산량은 중국이 1970년대 중반 이후 줄곧 세계 1위 자리를 고수했다. 1990년대 중반부터는 세계 생산량의 40% 이상을 차지할 정도다. 2위는 2020년에 1억 2,845만 톤으로 전체의 11.7%를 차지한 미국이다. 중국과 미국 두 나라의 돼지고기 생산량은 전 세계 생산량의 약 절반을 차지하는 수치다. 3~5위는 독일, 스페인, 브라질이며 4,500~5,100만 톤 사이로 모두 4%대 점유율을 보이고 있다.

소고기 생산은 닭고기와 마찬가지로 미국이 세계 1위다. 2020년에는 1,236만 톤으로 전 세계 생산량의 18.2%를 차지했는데, 2위인 브라질이 1,010만 톤으로 생산을 늘려 미국을 맹추격하고 있다. 3위는 중국으로 2020년에 603만 톤으로 미국의 절반이 안 되지만, 1980년 생산량인 24만 톤에서 25.7배나 늘어나 굉장한 증가세를 보이고 있다. 미국, 브라질, 중국의 소고기 생산량은 닭고기와 마찬가지로 전 세계의 40%를 차지한다 도표 2-3.

미국, 중국, 브라질은 육류 생산의 상위 3개국이지만, 그중

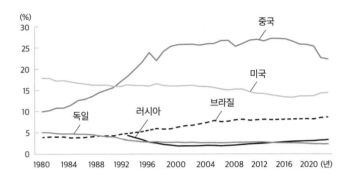

도표 2-3 · 세계 육류 생산량 상위 5개국의 점유율

출처: 유엔식량농업기구

에서도 미국의 축산업은 옥수수 생산 이상으로 공업화된 농업
의 전형이라고 할 수 있다. 큰 건물 안에서 품종 개량된 닭과
돼지가 밀집 사육되고, 영양면과 비용면에서 가장 적절하게 배
합된 혼합 사료가 파이프를 통해 자동으로 공급된다. 그래서
인건비가 별로 들지 않는다. 또한 비육 기간의 단축과 사료 비
용의 절감을 위해 성장 촉진제와 항생물질을 사용한다. 무엇보
다 풍부하고 저렴한 사료 곡물이 뒷받침되면서 미국은 돼지고
기와 닭고기의 가격 경쟁력이 뛰어나 2020년에 돼지고기는 세
계 1위, 닭고기는 세계 2위의 수출국이 되었다. 높은 연구 개발
력과 풍부한 자금력이 바탕이 되어 세계적으로 뛰어난 생산성

을 보여주고 있다.

　브라질과 중국도 생산성을 올리기 위해 미국식으로 공업화된 대규모 양계와 양돈을 확대하고 있다. 특히 브라질은 미국보다 더 풍부하고 저렴한 사료 작물을 가지고 있기 때문에 가격 경쟁력에서 미국을 능가하려고 한다. 닭고기 수출에서는 브라질이 급성장해서 2015년 이후 미국을 대신해 세계 최대의 수출국이 되었다.

　소는 처음에는 방목이 주를 이루었으나 미국에서 그레인 페드grain-fed라고 불리는 곡물(그레인) 비육이 늘어나기 시작했다. 소를 방목으로 기른 후에 피드로트feedlot(가축 사육장)라고 불리는 비육장으로 옮겨 영양가 높은 곡물 먹이를 먹여 효율적으로 생체중을 증량시키면서 냄새가 적고 지방이 적당히 붙은 부드러운 육질로 만든다. 이와 같은 피드로트 방식은 미국에서 시작되어 급속히 퍼진 뒤 호주와 브라질로도 확산되었다.

　그레인 페드 소고기는 주로 마블링을 선호하는 한국, 일본, 중국 등 아시아 시장에 수출되고 있다. 소고기 수출에서는 호주와 아르헨티나가 전통적인 수출국이었으나 1990년대부터 미국의 수출이 늘어났고, 21세기 들어 브라질의 수출이 급증해 2004년 이후 거의 세계 최대의 소고기 수출국이 되었다. 브라질은 2020년에 세계 소고기 수출 시장에서 17.2%의 점유율을 차지했고, 2위인 호주는 10.8%, 3위 미국은 10.0%다. 육류 수출국은 기본적으로 사료를 국내에서 조달할 수 있는 곡물 생산 강국이자 수출 강국과 겹친다.

신흥국과 개발도상국이 이끄는 육류 소비

19세기 이후 인구 증가와 경제 발전에 따라 중산층이 대두되면서 세계의 육류 산업은 확대되어 왔다. 특히 20세기 들어 세계 최대 경제 대국의 지위를 굳히고 국민소득도 상승한 미국은 육류 소비량에서 세계를 선도해왔다.

2019년 미국은 1인당 육류 소비량이 128킬로그램에 달해 세계 1위에 올랐는데, 이는 64킬로그램인 중국의 2배다. 브라질은 1인당 연간 100킬로그램의 다양한 육류를 먹고 있다. 일본은 51킬로그램으로 브라질의 절반 수준이다. 한국농촌경제연구원의 보고서에 따르면 2022년 한국의 1인당 육류 소비량은 58킬로그램으로 일본과 비슷하다.

호주, 아르헨티나, 캐나다, 뉴질랜드 등은 미국과 마찬가지로 20세기 초부터 육류 소비가 늘어나 1960년대에 이미 100킬로그램 전후에 도달한 뒤 포화 상태가 되어 반세기 이상 수량적으로 큰 변화가 없다. 이들 국가에 공통으로 보이는 것은 각종 고기 중 소고기를 소비하는 비율이 다른 나라에 비해 높

(kg/1명/년)

국가	육류 합계	닭고기	돼지고기	소고기
미국	128	59	31	38
스페인	106	33	55	14
브라질	100	47	14	37
멕시코	70	36	18	15
중국	64	14	39	6
미얀마	62	32	18	9
베트남	57	13	38	6
말레이시아	54	39	8	6
일본	51	19	22	10
필리핀	37	13	18	5
인도	5	3	0	1

출처: 유엔식량농업기구

다는 점이다. 생산 비용이 가장 비싼 고기를 먹는 것은 풍요로
움의 상징이라고 할 수 있지만, 사실 이들 국가는 미국처럼 이
민 국가고, 토지가 광활해서 방목을 통해 낮은 생산 비용으로
소고기를 생산하며 가격이 오랫동안 정체되어 있다는 배경이
있다[도표 2-4].

서유럽에서는 1990년대에 이미 포르투갈, 스페인, 이탈리

아라는 상대적으로 소득이 낮았던 국가를 제외하면 1인당 연간 60~80킬로그램의 육류를 소비하고 있었다. 1980년대 이후 스페인, 포르투갈, 이탈리아의 육류 소비도 급속히 늘어나 최근에는 유럽의 많은 국가가 70~100킬로그램대의 육류를 소비하고 있다.

이런 국가에서 공통으로 보이는 것은 돼지고기를 소비하는 비율이 높다는 점이다. 예를 들어 2019년 1인당 연간 돼지고기 소비량은 스페인 55킬로그램, 폴란드 54킬로그램, 헝가리 52킬로그램, 오스트리아 47킬로그램, 독일 42킬로그램, 포르투갈 40킬로그램으로 돼지고기를 좋아한다고 알려진 중국의 39킬로그램을 넘는다. 그 배경에는 스페인의 하몽 세라노Jamon Serrano와 하몽 이베리코Jamon iberico처럼 브랜드로 만들어진 생햄과 독일 소시지가 자리하고 있다. 유럽에서는 이런 돼지고기 가공식품이 육류 소비량을 끌어올렸다.

하지만 1980년 이후 40년 동안 가장 크게 변화한 것은 중국을 필두로 하는 신흥국과 개발도상국이다. 2019년 중국의 1인당 연간 육류 소비량은 64킬로그램으로 1980년 14킬로그램보다 3.5배나 늘어 일본과 한국을 넘어섰다. 또한 같은 해 멕시코는 70킬로그램, 미얀마는 62킬로그램, 베트남은 57킬로그램, 말레이시아는 54킬로그램, 페루는 52킬로그램, 이란 및 필리핀은 37킬로그램으로 많은 개발도상국이 우리의 수준을 거의 따라잡거나 이미 추월했다.

개발도상국의 육류 소비 확대는 가격이 싼 닭고기가 주도하고 있는데, 돼지고기는 중국, 베트남, 미얀마 등 아시아의 신흥국과 개발도상국에서 증가가 두드러진다. 이들 신흥국과 개발도상국은 인구가 선진국보다 매우 많기 때문에 육류 소비의 확대가 세계 육류 수급의 구조 변화로 이어지고 있다. 그중에서 가장 눈에 띄는 중국의 육류 산업의 팽창에 대해 좀 더 알아보자.

중국의 돼지고기 소비와 곡물 생산의 관계

빠른 속도로 생활 수준이 향상된 탓에 지난 40년간 세계 곡물과 육류의 생산 구조에 크게 영향을 준 나라는 중국이 유일하다. 중국의 1인당 연간 육류 소비량은 미국의 절반이지만 육류 생산은 규모면에서는 세계 최대다. 중국의 육류 생산량 중 닭고기 비율은 1980년 13.2%에서 2020년에는 20.1%로 상승했고, 소고기도 1.7%에서 8.0%로 급격히 확대되었지만, 돼지고기는 1980년 83.1%에서 2020년에는 54.6%로 28.5%나 떨어졌다. 그럼에도 전체 육류의 과반이라는 높은 점유율을 차지하며, 양적으로도 4,113만 톤이라는 거대한 존재감을 보인다. 중국 음식에서 돼지고기는 특별한 존재이며, 지난 40여 년간 중국인의 영양을 지탱해왔다고 할 수 있다.

돼지고기 생산에서도 중국의 위상은 압도적이다. 1980년에는 전 세계 생산량의 21.5%였지만, 2018년에는 44.8%로 절반에 가깝게 점유율이 상승했다. 하지만 2018년 중국의 양돈업에 큰 비극이 덮쳤다. 아프리카돼지열병AFS 이라고 불리는 전염병이 중국 전역으로 확산하면서 사육하던 돼지 상당수가 방역 조치로 살처분되었기 때문이다. 이때 중국의 돼지고기 생산량은 대폭 감소해서 세계 점유율이 37.4%까지 급강하했다. 그럼에도 2020년 중국에서 사육하는 돼지는 전 세계의 약 40%에 해당하는 4억 마리 이상에 이른다.

돼지는 중국의 오랜 농업 역사에서 매우 특수한 존재다. 약 6,000년 전부터 중국의 많은 지역에서는 돼지 가축화에 성공해 지역마다 특색 있는 품종을 사육하게 되었다. 개인 농가를 집단화했던 인민공사 시대를 제외하고, 1990년대까지 대부분의 농가는 1~2마리의 돼지를 길러 가정의 잔반을 먹이로 주었고, 돼지 분뇨는 영양가 높은 가축 비료로 전환해 농경 사회를 뒷받침했다.

한자로 '집家'은 돼지 위를 지붕이 덮고 있다는 뜻으로, 인간과 한 지붕 아래 사는 모습을 상형화했다고 한다. 각 가정에서 소중히 기르던 돼지는 혼례 예물로 쓰이거나 연회석의 요리가 되어 정치나 사교의 자리, 춘절을 축하하는 자리에서 고급 식재료로 올라왔다. 돼지고기는 중국인에게 생활의 일부라고 해도 될 만한 가축인 셈이다. 물론 1~2마리밖에 키울 수 없기에 대다수 서민의 식생활에서 돼지고기는 좀처럼 입에 댈 수 없는 사치품이기도 했다.

돼지고기가 일반 대중의 일상 식품이 된 것은 1980년 이후 농업개혁으로 곡물 생산이 늘어난 이후, 즉 돼지 사료를 양산하게 되면서부터다. 중국의 농업개혁은 경제가 피폐해져 국가가 파탄 직전이던 1978년 말 시작되었다. 당시 기아 상황에 허덕이던 중국 중부 내륙의 안후이성 평양현 샤오강촌이란 곳에서 집단소유제(공유제의 일종)였던 인민공사의 토지를 가정마다 도급해주는 '포산도호包産到戶' 경영방식을 시행한 것이 발단이었다. 가정마다 도급받은 땅에서 곡물을 생산하고, 토지 대금으로 곡물을 납부한 뒤 수중에 남은 곡물은 스스로 처리해도 되는 방식으로 농가의 생산 의욕을 강하게 자극했다. 샤오강촌은 이 방식으로 1년 만에 기아 문제를 해결할 정도로 곡물 생산이 증가했다.

샤오강촌의 성공 사례는 들판의 불길처럼 순식간에 안후이성 지역 내에서 전국으로 번졌고, 1983년이 되자 중국에서

25년간 지속된 인민공사는 어이없이 무너졌다. 정치나 제도보다 인간의 욕망과 의욕이 농업 생산을 확대한다는 것을 극명하게 보여준 사례다. 중국의 농정과 경제정책의 전반은 이후 이 사례의 교훈을 바탕으로 조직되었다.

인민공사는 1958년 마오쩌둥의 주도로 사회주의 계획경제의 건설을 가속화하기 위해 '대약진 운동'(노동력 집중화 산업을 독려해 경제부흥을 이루고자 했던 운동-역주)과 함께 시작되었다. 토지 등 생산수단의 사유제를 완전히 부정하는 자연 원리를 무시한 급진적 농업 정책이었다. 약화되어 있던 농촌에 가뭄 등 자연재해가 덮쳐 1959~1961년까지 3년간 곡물 생산이 심각하게 줄어들어 인류 역사상 최대의 인재라고 할 수 있는 대기근을 일으켰다. 아사한 사람만 해도 최소 1,500만 명 이상으로 추정된다. 중국 국가통계국 통계에서도 1961년 인구가 1959년보다 1,348만 명 감소했음을 인정하고 있다. 식량위기 속에서 대약진 정책을 폐지하고 인민공사를 수정했지만 그래도 1970년대 말까지 농촌 인구의 3분의 2는 식량 부족에 허덕였다. 당시 중국은 인구의 80%가 농촌에서 살고 있었다.

1978년부터 농업개혁은 개인 농가에 가까운 '농가 생산 도급 책임제'로 전환되었다. 인센티브제가 시행되면서 당연히 곡물 생산 또한 크게 증가했고 1980년대 중반 무렵에는 농촌의 식량 부족 문제가 해결되었다. 가정 내에서 근근이 사육하던 돼지와 닭 등의 가축에게 먹이로 줄 잉여 곡물이 마침내 나온 것이다. 다만 20세기 말까지 가축은 대부분 영세 농가가 겸업으로 사육하는 앞마당 양돈 수준에 그쳤다. 중국의 돼지고기 생산량은 2000년에는 1980년의 3.5배에 달하는 3,966만 톤으로 증대되었고, 세계 시장 점유율도 44.2%로 높아졌지만, 미국과 달리 곡물 등의 배합 사료를 별로 사용하지 않고, 앞마당 양돈으로 달성한 것이다.

중국 양돈업의 발전이 세계에 미치는 영향

2001년 중국이 세계무역기구wto에 가입한 이후 영세한 양돈은 점차 쇠퇴하고 대규모의 전업 양돈이 확대되기 시작했다. 미국과는 수준이 다르지만, 기업에 의한 공업적 양돈이 중국에서도 성장하기 시작하면서 양돈 산업의 구조 변화는 가속화되었다.

이러한 변화의 배경에는 몇 가지 요인이 있다. 일단은 인건비 상승이다. WTO 가입으로 외국자본의 중국 투자가 급성장했고, 중국은 세계의 공장으로 탈바꿈했으며 농촌에서 돈을 벌기 위해 나온 대량의 노동자를 연해 도시가 흡수했다. 결과적으로 농업 인구는 줄었고, 양돈을 포함한 농업 분야는 인력 부족으로 인건비가 오르기 시작했다. 예를 들어 영세 양돈의 인건비는 2004년 한 마리당 151.5위안에서 2015년에는 510.8위안으로 무려 237.1%나 상승했다.

더구나 중국은 WTO 가입 시 돼지고기 수입관세를 20%에서 12%로 낮추는 것을 받아들였다. 관세를 인하한 결과 미국과 브라질에서 저렴한 수입품이 유입되어 영세한 양돈 농가를 지키지 못하게 되었다.

영세 양돈 농가가 퇴출당하고 대규모화가 촉진된 것은 중국 정부의 선동과도 관련이 있다. 2003년 당시 중국에는 1억 호 이상의 농가가 영세한 양돈을 운영하고 있었는데, 돼지고기의 시장가격이 오르면 1억 호가 일제히 돼지를 한 마리 더 비육해 금세 1억 마리 이상 증산된다. 과잉 생산으로 가격이 급락해 반대 상황이 되면 1억 마리 이상 줄어들어 돼지고기 가격이 급등한다. 이렇게 영세 양돈이 요동치자 정부는 2000년 전후부터 영세 양돈에서 대규모 양돈으로의 전환을 중심으로 하는 양돈업의 대대적인 개혁을 추진했다.

동시에 중국에서는 양돈 등의 축산 전반을 진흥하기 위해 1996년 사료의 주원료 중 하나인 대두 수입을 자유화했다. 이 결정에 따라 이후 중국은 대두 수입을 급격히 확대해 세계 최대의 대두 수입국이 되었다. 동시에 콩깻묵을 먹이로 이용한 축산이 급격히 확대되었다. 중국의 대두 수입량은 1996년 111만 톤에서 2020년 1억 톤으로 90배 확대되었으며, 2012년 이후 세계 수출량의 거의 60%를 차지하고 있다. 중국의 대두 수입 급증에 브라질은 발 빠르게 대처해 대두를 증산했고, 중국의 수입 증가는 브라질을 세계 최대의 대두 수출국으로 변신시켰다.

배합 사료의 또 다른 주원료인 옥수수에 대해 중국은 2015년까지 가격 지지 정책에 따라 자국 내 생산을 늘리는 것으로 대응했다. 지지가격이 인상하면서 2015년 옥수수의 생산량은 2억 6,499만 톤으로 2000년보다 2.5배 증가했다. 이에 따라 세계 옥수수 생산량에서 중국의 점유율은 25.2%로 미국의 32.8%에 근접했다. 그러나 지지가격의 인상으로 자국 내 옥수수 가격이 2012년경부터 수입 옥수수 가격을 넘어서게 되었고, 중국의 양돈 기업은 비싼 국산 옥수수를 피해 저렴한 수입 옥수수와 수수, 보리 등을 사용하게 되었다.

그 결과 국내에서 생산이 늘어난 옥수수는 받아줄 곳을 잃어 정부 재고가 늘어나게 되었고, 세계 재고의 약 절반을 차지하게 되었다. 가격 지지 정책의 한계이자 축산 사료가 중국의 농정과 세계 곡물 시황을 흔드는 시대가 도래한 것이다. 중국은 2016년 옥수수 가격 지지 정책을 폐지했고, 대두에 이어 옥수수도 부족분을 수입에 의존하는 체제로 전환했다. 2021년에는 2,834만 톤을 수입해 멕시코와 일본을 넘어 세계 최대의 옥수수 수입국이 되었다.

사실 옥수수 수입의 증가를 내다본 중국 정부는 안정적인 수입처를 확보하고, 수입처를 다양화하는 방안으로 2013년부터 우크라이나와 농업 분야의 투자를 포함한 협력관계를 강화해왔다. 실제로 우크라이나는 옥수수, 밀, 해바라기유의 수출을 증가시켰다. 하지만 2022년에 러시아가 우크라이나를 침공하면서 이는 큰 타격을 입는 결과를 낳게 된다.

중국을 따라 경제성장 중인 베트남 역시 자국 내에서 육류 생산을 증가시키면서 옥수수 수입을 늘리고 있다. 2019년 옥수수 수입량은 1,000만 톤을 돌파해 연간 1,500만 톤을 안정적으로 수입하는 일본을 추월하는 것은 시간문제다. 말레이시아, 이집트, 이란, 페루 등 개발도상국들도 육류 수요가 증가함에 따라 축산 진흥책을 펼쳐 사료 곡물의 수입을 확대하고 있다. 신흥국과 개발도상국들이 사료 곡물 쟁탈전에 뛰어들기 시작했다.

육류와 사료 작물 수출국으로 성장한 브라질

육류의 생산과 사료 곡물의 수입이 급증한 대표적인 국가가 중국이라면 육류와 사료 곡물의 수출이 급증한 대표적인 국가는 브라질이다. 양국은 수입하는 측과 수출하는 측으로 깔끔하게 나뉘어 있어 상호 보완적인 관계에 있을 뿐 아니라 공존 관계라고 해도 무방한 상황이다. 브라질의 육류 수출은 2000년 이후 급증하고 있는데, 세계 육류 수출 총액에서 차지하는 비율이 2000년 6.6%로 1위인 미국(19.2%)과 큰 차이가 있었지만, 2004년에는 16.5%로 12.9%까지 떨어진 미국을 제치고 1위로 올라섰다. 그 후 미국과 1위를 다투고 있으며, 2010년 이후에는 미국과 함께 15% 전후를 차지하고 있다. 브라질의 최대 육류 수출처는 홍콩을 포함한 중국이다.

브라질이 중국을 대상으로 한 수출의 핵심은 사료와 식물 기름의 원료가 되는 대두다. 대두의 주산지인 세하두Cerrado는 브라질 중서부 마투그로수Mato Grosso주를 포함한 광활한 열대 관목 초원 지역이다. 세하두는 '(사람에게) 폐쇄된 대지' 혹은 '미지의 대지'를 뜻하며, 그 면적이 일본 국토의 5.5배, 한반도의 약 20.7배나 된다. 산성이 강해 토양이 붉은 세하두 지역은 농경에 부적합한 불모지로 오랜 세월 방치되었다. 그곳이 개발된 계기는 1973년 세계적으로 급등한 곡물 가격을 들 수 있다. 1979년에 일본이 브라질 정부와 공동으로 가동한 '세하두 농업개발협력사업'이 토양 개량의 실시 등 개척 확대에 크게 기

축산 사료로 쓰이는 브라질의 옥수수와 대두

여했다.

더욱 중요한 것은 브라질 정부의 개발 전략이다. 이 개발 전략에 따라 국가 연구기관인 브라질 농업연구청EMBRAPA 세하두 연구소는 오랜 연구를 통해 세하두 지역의 강한 산성 토양을 농경에 적합한 토지로 전환하는 기술과 이 지역의 토지와 기후조건에 적합한 대두 품종을 개량하는 데 성공했다. 세하두 지역에서 확실히 대두 생산량을 늘린 것은 중국을 상대로 한 대두 수출의 확대지만, 최근에는 중국만이 아니라 태국, 튀르키예, 파키스탄, 베트남, 이란 등 많은 개발도상국을 상대로 한 수출도 증가하고 있다.

육류 소비가 증가하지 않는 나라, 인도

인도는 1인당 육류 소비량이 1961~2015년까지 반세기 이상 약 4킬로그램으로 이웃 나라 방글라데시와 함께 세계에서 육류 소비량이 가장 적은 나라 중 하나다. 2016년부터 조금씩 늘고 있지만 2019년까지도 5킬로그램이 안 되는 수준에 머물고 있다. 이는 앞서 말했듯이 종교적 요인이 크게 작용한다. 인도 국민의 약 80%가 힌두교를 믿는데, 힌두교에서는 소를 신성한 동물로 숭배하기 때문에 식재료로 사용하는 것을 금기시하고 있다. 또한 돼지도 부정한 동물로 여겨 먹지 않는다. 엄격한 힌두교 신자의 경우 소고기와 돼지고기를 비롯한 모든 육류와 생선 등의 동물성 음식을 완전히 삼간다고 하며, 그렇지 않은 힌두교도는 신조에 따라 닭, 양, 염소고기 정도만 먹는다.

인도에서는 고기를 먹지 않은 만큼 콩과 우유, 요구르트 등 유제품으로 단백질을 보충한다. 인도의 우유 생산량은 미국에 이어 세계 2위로, 염소와 양의 우유를 합치면 인도는 세계 1위의 우유 생산국이다. 인도에서 사육하는 소의 규모는 2020년에 1억 9,448만 마리로 브라질에 이어 세계 2위를 차지하고 있는데, 그중 약 60%는 물소이며, 물소의 수가 세계에서 가장 많다.

힌두교에서 소를 성스럽게 여기는 것은 인도가 처한 환경적인 제약을 극복하기 위한 지혜라는 설이 있다. 인도 데칸

Deccan고원의 주요부와 북서부에는 증발량이 강수량보다 더 많은 반건조 지역이 광범위하게 펼쳐져 있어 물 부족으로 농업 생산이 어려운데, 고온과 가뭄에 강하고 풀만 먹고 살아갈 수 있는 소를 성스럽게 여겨 먹지 않고, 젖만 받아 거대한 인구를 먹여 살린다는 것이다. 그중 물소는 고온과 가뭄에 강해 인도에서 살아가기 적합한 가축이다.

인도에서 성스러운 존재인 소는 우유만 제공하는 것이 아니다. 2009년 인도의 농업을 조사하면서 방문했던 마을들은 모두 분뇨를 건조해 연료로 삼고 있었다. 그야말로 생활 구석구석에 두루 활용한다. 게다가 얼마 전까지 인도에서는 소를 사육할 때 미국과 유럽처럼 곡물로 기르는 근대적인 피드로트 방식이 아니라 영세 농가의 마당에서 풀과 잔반으로 길렀기 때문에 곡물의 소비가 적고 비용도 낮았다. 최근에는 유제품 수요의 확대를 적기라고 파악해 옥수수 등을 주원료로 한 고품질 사료를 사용하는 중규모 이상의 근대적인 낙농가도 조금씩 나타나고 있다. 앞으로도 새로운 수요가 확대될 것으로 예상되는 가운데 근대적인 낙농가가 늘어날 것으로 보여 세계의 사료 곡물 수요를 끌어올릴 가능성이 있다.

인도는 육류 소비량이 적은 탓에 중국의 약 절반 수준의 곡물 생산량으로 거의 같은 규모의 인구를 부양하며 곡물을 수출까지 하는 국가다. 그런 인도에서 최근 닭고기 소비가 늘고 있다. 닭고기는 힌두교 계율에서 인정해주는 육류로, 특히 젊은이들 사이에서 닭고기를 받아들이는 사람이 늘어났다는 것을 2009년 조사 때 이미 느꼈다. 실제로 인도의 2019년 1인당 육류 소비량 약 5킬로그램 중에서 3킬로그램이 닭고기였다. 인도의 닭고기 생산량은 세계에서 아직 적은 편이지만, 그래도 2010년 219만 톤에서 2019년에는 418만 톤으로 늘어 놀라운 성장세를 보이고 있다.

인도는 인구의 약 13%가 이슬람교이며, 돼지고기를 먹지 않는다. 돼지를 제외하고 이슬람교의 계율에 따라 도축 처리된 고기는 정화된 음식이라는 의미의 '할랄Halal 푸드'가 되어 먹어도 된다. 돼지고기를 금지하는 종교적 판단의 배경에는 돼지가 곡물을 먹는 동물이기 때문이라는 말도 있다. 이슬람교도가 먹어도 되는 소, 양, 염소는 풀을 먹고 자란다. 사막이라는 척박한 환경에서 태어난 이슬람교에서 인간과 음식을 놓고 경쟁하는 돼지를 늘리지 않겠다는 발상은 일리가 있다. 하지만 양과 염소가 풀뿌리까지 먹어 치우면서 중동의 사막화에 박차를 가한 면도 있지 않냐는 이야기도 있다. 어쨌든 닭고기는 생산비용이 저렴할 뿐 아니라 종교적 제약이 적기 때문에 앞으로도 인도를 비롯해 여러 곳에서 소비가 늘어날 것으로 보인다. 이는 곧 사료 곡물의 수요 증가로 이어질 것이다.

이런 인구 대국과 개발도상국에서 나타나는 육류 소비의 증가는 축산 사료의 수요가 크게 증가할 것임을 의미한다. 인류가 육류 소비를 무제한으로 늘리면 언젠가 사료 곡물에도 한계가 올 것이다. 결국 육류를 대신할 맛도 영양도 만족시키는 인공육의 개발과 양산화는 피할 수 없다. 이미 대두나 완두콩 등 식물에서 유래한 식물육은 실용화되어 대형 햄버거 체인업체에서 판매하고 있다. 나아가 동물에서 채취한 세포를 배양해서 만드는 배양육 등 축산을 대체할 새로운 도전이 시작되고 있고, 거부감을 느끼는 사람도 있지만 곤충을 단백질로 먹는 곤충식도 모색하기 시작했다. 2022년 인류는 러시아의 우크라이나 침공으로 식량 공급 위기에 직면했지만, 앞으로 더 큰 위기에 대응해야 한다.

제3장

지구 온난화가 몰고 올
또 다른 위기

농업은
가해자이자 피해자

2021년 8월 유엔의 기후 변화에 관한 정부 간 협의체IPCC가 발표한 〈제6차 평가보고서〉는 인간의 활동이 이산화탄소CO_2 등의 온실가스를 증가시켜 지구 온난화를 일으키고 있다고 단정했다. 식량을 필요로 하는 인류 전체가 지구 온난화를 촉진하는 요인이며, 그 결과는 식량위기의 형태로 부메랑처럼 돌아온다는 것이다. 인류는 의도치 않은 가해자이자 피해자인 셈이다.

　　주식 곡물의 생육은 기온과 깊게 관련되어 있으며, 온도 상승은 재배 지역에 따라 다르지만, 밀 이외의 작물의 단수(일정한 단위 면적당 수확량)를 저하시킨다. 가장 타격이 큰 것은 옥수수이며, 대두가 그 뒤를 잇는다. 기후 변화에서 강우량의 변화도 농업에 중대한 영향을 주는 요소다. 강우량이 줄어 가뭄이 들면

93

천수농업(오로지 빗물에 의존해 재배하는 농업)은 물론 관개로 공급할 수 있는 물도 줄어든다. 반대로 집중호우나 홍수가 발생하면 농지가 침수되거나 표토(토양 단면의 최상위에 위치한 토양으로 유기물질과 미생물이 많아 토양의 생산성에 영향을 미침-역주)가 유출될 수 있다.

반대로 일정한 양의 이산화탄소 농도 상승은 공기 중의 이산화탄소와 물로 광합성을 해서 탄수화물을 합성하는 식물에 비료와 같은 '시비 효과(거름을 줘서 거두는 효과-역주)'를 주며, 밀 등에서는 수확량을 증가시키는 효과가 있다. 온난화로 인해 기존의 냉량하고 경작에 부적합했던 토지가 우량한 농지로 변하기도 한다. 하지만 이런 긍정적인 효과보다 부정적인 효과가 인류에게 미치는 영향이 훨씬 크고 심각하며 위험하다. 그럼에도 세계적인 온난화 대책이 힘을 모으지 못하는 배경에는 지역과 입장에 따라 온난화의 영향이 다르기 때문이다.

또 하나 고려해야 할 것은 화학 비료의 이용, 가축의 트림과 분뇨 등이 온실가스의 발생원이 되어 지구 온난화를 가속화한다는 점이다. 농업 분야에서도 온실가스의 감축을 통해 온난화 대책이 필요한 시대가 되었다. 지속 가능한 농업이야말로 식량위기와 지구 온난화를 막는 가장 쉬운 길이다. 우리는 이제 이산화탄소나 메탄 등의 온실가스 감축에 적극 대응해야 한다.

농업과 축산도 지구 온난화의 요인

일반적으로 온실가스 배출은 철강이나 석유화학 등의 공업 부분, 기업이나 가정 등을 대상으로 하는 발전, 자동차나 항공기 등 수송 기관이 대부분을 차지하며, 자연에서 식물과 동물을 기르는 농업은 관계가 없다는 이미지가 강하다. 하지만 현실은 크게 다르다. 2014년에 IPCC가 발표한 〈제5차 평가보고서〉에 따르면 세계에서 배출되는 온실가스 중 '산업(공업)'은 21%를 웃돌고, '전력과 열 생산'은 25% 정도다. '농림업과 그 외의 토지 이용'의 비율은 24%로 이와 어깨를 나란히 한다. 이 중 농업 분야에서만 약 10%를 차지한다. 이처럼 농업 분야가 지구 온난화의 큰 원인이 되고 있음을 전 세계가 인식할 필요가 있다.

농업 분야의 온실가스 발생원을 보면 의외의 구도가 명확히 드러난다. 농지의 토양에 서식하는 미생물이 발생시키는 일산화질소N2O가 39.1%로 가장 크고, 소나 양 등의 가축이 소화관 내에서 발생시키는 메탄CH4, 쉽게 말해 트림이 38.8%로 뒤를 잇는다. 게다가 온실가스와는 무관하다고 생각되는 벼농사 논에서도 메탄이 발생하는데, 전체의 9.9%를 차지하고 있다. 가축의 배설물에서 나오는 메탄이나 이산화질소도 6.5%로 무시할 수 없는 배출량이다. 농업 분야에서 배출하는 온실가스의 영향이 의외로 큰 것은 이산화탄소보다 온난화 효과가 높은 가스가 중심이기 때문이다. 이산화질소는 이산화탄소의 300배, 메탄은 28배의 온난화 효과가 있어 배출량은 적더라도 온난화를 일으키는 중대한 요인이 된다.

때문에 인류가 식량 생산을 위해 농업을 확대할수록 지구 온난화를 가속화하는 딜레마에 직면하게 된다. 그렇다고 해결책이 없는 건 아니다. 벼농사를 하는 논에서 메탄이 발생하는 이유는 토양에 산소가 적은 혐기성 조건에서 메탄을 발생시키는 메탄 생성균이 원인이라 그 활동을 억제하는 논으로 관리하면 메탄 발생을 크게 줄일 수 있다.

메탄을 억제하는 또 하나의 방법으로 거론되는 것은 벼의 생육 중 논에서 '중간 낙수'를 연장하는 것이다. 중간 낙수란 예로부터 농가에서 해온 방법으로, 벼의 생육을 조정하고 뿌리를 튼튼하게 보호하기 위해 일시적으로 논에서 물을 빼는 방식이다. 그렇게 하면 표면이 쩍쩍 갈라질 정도로 토양이 건조해져서 공기가 고루 잘 퍼진다. 이 중간 낙수로 토양은 산소가 풍부한 상태가 되고, 메탄 생성균의 활동이 억제된다. 일본의 농업환경 기술연구소가 가고시마鹿児현, 아이치愛知현, 니가타新潟현, 야마가타山形현 등 일본 전국 8현에 있는 9개 지점의 농업시험 연구기관 밭에서 2년 동안 실증 시험한 결과, 중간 낙수 기간을 일주일 정도 연장한 경우 수확량과 품질을 확보하면서 평균

30%나 메탄 발생을 줄일 수 있었다.

소를 대표로 들 수 있는 반추동물은 먹은 식물을 소화 흡수하기 위해 반추(되새김)하는 위(루멘)를 가지고 있다. 소는 제1위(양)와 제2위(벌집, 제3위는 천엽, 4위는 막창)가 루멘으로 되어 있으며 이곳에서 식물이 발효되고 영양분을 흡수하도록 분해하는 과정에서 트림이 발생한다. 다 자란 소는 하루 200~600리터의 트림을 배출한다고 하니, 세계적으로 약 15억 마리의 소가 사육되고 있는데, 이는 자동차 15억 대가 전 세계를 돌아다니고 있는 것과 유사한 오염이다. 15억 마리 소의 트림에 포함된 메탄의 온난화 효과와 15억 대의 자동차가 배출하는 이산화탄소의 온난화 효과가 거의 비슷하다는 분석도 있다. 축산업이 온난화에 미치는 영향은 상상 이상으로 크다.

소의 메탄 발생을 감소시키기 위해 트림을 억제하는 먹이 개발이나 약품으로 트림을 막는 방법 등이 연구되고 있지만, 지금 단계에서는 결정적인 해결책이 없다. 지금까지의 연구로는 일본 농업식품산업기술종합연구기구NARO(약칭 농연기구)에서 소의 에너지원이 되는 프로피온산propionic acid(동물이 자체적으로 분비하는 소화 효소에 의한 소화만 가능한 단위동물과 달리 반추동물의 경우 소화시 미생물의 작용을 받게 되어 초산, 프로피온산 등이 생성됨-역주)을 많이 생산하는 세균을 제1위 안에서 발견했다. 프로피온산이 많이 생산되면 메탄 발생이 억제되므로 프로피온산의 생산을 촉진시키는 세균을 소의 위에 늘리는 것이 지구 온난화 대책과 연결된다. 게다가 소가 먹은 사료가 메탄으로 전환되면 사료의 영양가가 그만큼 손실되는데, 그 양이 사료의 2~15%에 해당하는 무시할 수 없는 비율이다. 프로피온산을 늘리면 손실되는 영양가가 줄어들어 더 적은 사료로 소를 기를 수 있다는 장점도 있다.

가축 배설물이나 농산물 폐기물은 미생물이 분해하고 발효해서 메탄을 대량 발생시킨다. 메탄은 연소성 가스라 배설물이나 폐기물을 탱크에서 발효시켜 발생한 메탄가스를 연료로 이용하는 농촌도 많다. 메탄가스를 바이오가스로 이용하면 천연가스 등의 화석연료 소비를 감소시키고, 메탄이 대기 중으로 흩어지는 것을 막는 일석이조의 효과가 있다. 중국에서는 농촌의 에너지 부족을 해소하려는 목적도 있어 농정의 일환으로 정부가 이를 정책적으로 추진하고 있다. 농업 분야의 메탄 감소는 커다란 테마인 한편, 온실가스 감축의 가능성도 내포하고 있다.

지구 온난화가 곡물 생산에 미치는 영향

2014년 8개국(미국, 일본, 영국, 프랑스 등)의 20개 기관이 참여한 연구팀은 IPCC의 기후 변화 모델과 각 기관이 개발한 수확량 모델로 온도 상승이 곡물 생산에 미치는 영향을 산출해 계산해보았는데, 그 내용은 가히 충격적이다. 내용에 따르면 2069~2099년 세계 곡물의 평균 수확량은 현재(1983~2013년)와 비교해 옥수수는 24% 감소, 대두는 2% 감소, 쌀은 2% 증가, 밀은 18% 증가할 것으로 전망한다. 얼핏 보면 수확이 줄어드는 것도 있고, 늘어나는 것도 있어서 이점도 있어 보인다.

그러나 밀 생산의 증가는 기온이 상승하면서 고위도 지역의 수확량이 늘어나는 부분이 크게 작용한다. 대폭 감소하는 옥수수에는 화학적 요인이 있다. C4형으로 불리는 옥수수 광합성 회로(광합성을 하는 생물에서 나타나는 산화환원 반응으로 캘빈 회로라고도 함-역주)는 현재 400피피엠ppm(100만 분의 1을 의미) 정도인 대기의 이산화탄소 농도에서 가장 효율적으로 탄수화물을 생산할 수 있는데, 이산화탄소 농도가 그 이상으로 높아져도 효율이 오르지 않는다. 기온이 상승하면 피해가 크기 때문이다. C3형 광합성 회로를 가진 콩은 옥수수만큼 큰 타격을 받지 않지만, 기온 상승으로 받는 피해가 적지 않다.

이미 현실화된 온난화가 주는 농산물 피해에 대해 일본은 농연기구, 국립환경연구소, 기상청 기상연구소가 공동 연구해서 〈지구 온난화가 지난 30년(1981~2010년) 동안 주요 곡물의 평균 수확량에 끼친 영향〉이라는 보고서를 내놓았는데, 이 내용도 놀랍다. 이 연구에 따르면 세계 곡물의 단수는 2010년까지 30년 동안 옥수수는 4.1%, 밀은 1.8%, 대두는 4.5% 하락했다고 추정한다. 쌀은 반대로 0.9% 증가했다. 연간 손실액으로 보면 옥수수는 223억 달러, 밀은 136억 달러, 대두는 65억 달러의 손해가 났다는 계산이 나온다. 이 세 가지 품종을 합하면 매년 424억 달러의 농업 생산이 온난화로 손실된 셈이다. 쌀은 온난화 단수 영향을 크게 받지 않고 있다.

이런 계산은 이산화탄소 농도의 상승과 기온 상승으로 예측한 것이지만, 그 이외의 요소도 매우 크다. 온난화로 토양 수분이 점점 빠르게 증발하고, 강우량이 감소하면서 건조한 날씨가 주는 영향을 무시할 수 없다. 호주, 미국 서부 해안, 브라질이 가장 가뭄에 취약하다고 알려져 있으며, 실제로 호주에서는 뉴사우스웨일스주, 웨스턴 오스트레일리아주, 빅토리아주 등의 곡창지대에서 만성적인 가뭄이 발생해 많은 영향을 받고 있다. 2006~2007년에는 호주 곡창지대의 강우량이 1900년 이래 최소량을 기록했고, 2007년 호주의 밀 생산은 전년 대비 57.0% 감소한 1,082만 톤으로 주저앉았다. 1991년, 1994년, 2003년에도 마찬가지로 가뭄이 찾아와 생산량이 1,000만 톤 전후로 떨어졌다.

호주의 가뭄은 몇 년 간격으로 발생하고 있다. 가뭄으로 심각한 타격을 입은 2019년과 2020년에는 밀 생산량이 풍작이었

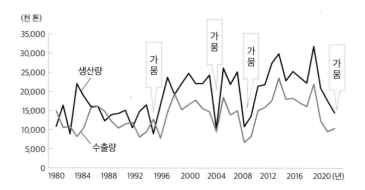

(천 톤)

생산량

수출량

가뭄

가뭄

가뭄

가뭄

가뭄

35,000
30,000
25,000
20,000
15,000
10,000
5,000
0

1980 1984 1988 1992 1996 2000 2004 2008 2012 2016 2020 (년)

출처: 유엔식량농업기구

던 2017년의 3,182만 톤과 비교해 각각 44.7%, 54.5%나 대폭 감소했다. 흉작과 풍작을 반복하는 것은 강우량의 진폭이 커지고 있기 때문이며, 2016~2017년에는 라니냐 현상La Nina (태평양 적도 부근의 날짜 변경선 근처부터 남미 해안에 걸치는 해역의 해수면 수온이 평균보다 낮아지는 현상)으로 강우량이 많았다. 세계의 주요 밀 수출국이었던 호주의 생산량이 불안정해지는 것은 러시아와 우크라이나의 밀 수출이 대두되는 요인 중 하나라고 할 수 있다도표 3-1.

미국에서도 호주와 마찬가지로 온난화 문제가 심각하다. 일본경제신문(2022년 8월 16일 자)에 따르면 미국 퍼스트 스트리트 재단FSF의 분석으로 여름에 체감 온도가 화씨 125도(섭씨 51.7도)

를 넘는 심각한 혹서가 증가해 곡창지대를 중심으로 막대한 영향을 받을지도 모른다고 한다. 미국에서는 심각한 혹서가 연간 하루 이상 발행할 우려가 있는 지역의 거주인구가 2023년 800만 명에서 2053년에는 약 1억 800만 명으로 증가할 전망이다. 그중에서도 체감 기온의 상승이 두드러진 심각한 혹서대는 남부 텍사스주에서 미국을 남북으로 관통하듯이 퍼질 가능성이 있어 세인트루인스(미주리주)나 시카고(일리노이주) 등 중서부 지역의 주요 도시도 포함된다. 미국의 농업지대와도 겹치는 부분이 커서 관련 산업에도 큰 영향을 줄 것이라 보도되고 있다.

지구 온난화가 주는 피해들

게다가 지구 온난화로 곡물에 병해가 생기고 해충이 발생하는 경우가 늘어나고 있다. 밀 등에 발생하며 암을 일으키는 곰팡이 독 아플라톡신aflatoxin은 최근 동유럽 지역의 밀에서 급증하고 있고, 스페인, 이탈리아에서는 옥수수에서도 발견되고 있다.

2020~2021년에 아라비아반도, 동아프리카에서 기록적으로 대량 발생한 사막 메뚜기 떼는 아라비아반도를 넘어 파키스탄, 인도 등 남아시아, 나아가 중국 남서부까지 침투했다. 사막 메뚜기 떼는 농업 분야에서 세계적으로 가장 오래된 해충으로 구약성서에도 등장한다. 2~4그램의 작은 벌레지만, 1제곱킬로

미터에 4,000~5,000만 마리의 밀도로 이동하며, 가는 곳마다 있는 밭의 식량을 먹어 치운다. 하루에 100킬로미터 이상을 날아간다고 추정한다.

2020년 여름에는 동아프리카와 아라비아반도에 있는 예멘의 농작물 피해로 4,200만 명이 식량위기를 맞이했다. 사막메뚜기 떼는 정기적으로 나타나지만, 2020~2021년의 경우 유엔식량농업기구에 따르면 2018년 5월과 10월에 아라비아반도를 덮친 사이클론(태풍)으로 인한 강우로 토양이 적당한 습도를 머금어 메뚜기알이 일제히 부화했기 때문이라고 한다. 아라비아반도에 사이클론이 상륙해서 대량의 강우를 몰고 온 것은 이례적이며, 기후 변동의 영향을 심하게 받았다고 할 수 있다.

고온은 곡물의 단수를 저하시킬 뿐 아니라 질적인 하락도 가져온다. 일본의 벼농사에서 이를 확인할 수 있는데, 곡창지대로 알려진 니가타현, 미야기宮城현, 야마가타현 등에서 매년 고온 피해가 증가하고 있기 때문이다. 대표적인 고온 피해는 백미숙립 현상이다. 본래 투명하게 보이는 현미에 백탁이 나타나는 증상으로, 벼가 출수한 뒤 20일 동안 평균 기온이 26도 이상이 되면 많이 발생한다. 고온 피해로 쌀알 내부의 배유 부분에 균열이 생기는 동할립 현상도 증가하는데, 추수 후 6~10일 사이에 최고 기온이 평균 32도 이상이 되는 경우에 나타난다. 특히 낮 동안의 고온에 쌀알이 강한 스트레스를 받으면서 발생한다고 분석하고 있다. 또 쌀의 병해충인 노린재에 의해 쌀알이 부분 변색되는 반점쌀도 고온에 영향을 받는 것으로 보인다.

이런 문제들로 인해 벼, 멥쌀, 현미의 완전미(일등미) 비율은 최근 꾸준히 저하되고 있다. 일본 농림수산성의 미곡검사 결과에 따르면 2009년에는 85.1%였던 일등미 비율은 일조량이 부족했던 2010년에 62.0%로 역사적인 악화를 경험했고, 그 후에는 대체로 80% 전후로 회복했으나, 2016년 83.4%를 기록한 이후 급락해서 2019년에는 73.0%까지 떨어졌다. 특히 전통적 쌀 산지인 규슈九州와 간토關東 지역의 하락 폭이 크다. 다만 예전에 극단적으로 낮았던 홋카이도北海道의 일등미 비율은 대폭 상승했다. 농림수산성의 분석에 따르면 현재의 속도대로 온실가스 배출이 진행되면 2040년 규슈에서 주고쿠中國, 긴키近畿, 도카이東海, 간토, 호쿠리쿠北陸의 상당 지역, 나아가 니가타현의 일부가 이등미 이하가 많은 지역으로 전락해 일등미가 많이 나는 지역이 도호쿠東北에서 홋카이도로 그 중심이 바뀐다.

한국도 지구 온난화로 봄철 기온이 오르면서 벼와 같은 작물을 심는 시기가 빨라지고 있다. 문제는 시기가 지나치게 앞당겨지면서 수확량 감소뿐 아니라 품질까지 저하되고 있다는 것이다. 농촌진흥청 조사에 따르면 모내기를 적기보다 10일 빨리하면 일등미 수량이 5% 감소하고 싸라기(부스러진 쌀알) 발생률은 35%나 증가한다고 한다.

예전에는 쌀을 재배하지 못해 청어, 다시마, 모피 등을 채집하고 배를 통해 혼슈와 교역해 쌀을 얻던 홋카이도가 이제 일본에서 최고의 쌀 산지가 되고 있다. 곡창 지도가 크게 뒤바뀌는 셈이다. 고온화가 진행되는 지역에서는 낮보다 수온이 저하되는 야간에 논에 물을 넣는 식으로 개별적인 대책을 강구하는 한편, 품종 개량을 통해 고온에 강한 쌀도 잇달아 개발하고 있다. 시마네島根현과 돗토리鳥取현에서 재배되는 기누무쓰메きぬむすめ, 야마가타현의 쓰야히메つや秘め, 지바千葉현의 후사코가네ふさこがね, 히로시마広島현, 도쿠시마広島현, 후쿠이福井현 등에서 재배되는 아키사카리あきさかり 등이 대표적으로 고온에 강한 쌀이다. 지구 온난화에 따른 고온화는 결국 쌀에도 큰 영향을 주고 있다.

지구 온난화는 주식 곡물이나 사료 곡물에만 영향을 주지 않는다. 전 세계에서 인기가 높은 와인도 피해를 보고 있다. 와인용 포도는 토양은 물론 지표 가까이의 기온, 일조, 강수량과 같은 소小기후의 미묘한 차이가 와인의 맛과 향에 영향을 준다. 세계를 대표하는 와인 산지인 프랑스 보르도Bordeaux 지역은 기온 상승의 영향을 피하기 위해 현재 전력을 다하고 있다.

보르도에 있는 지롱드Gironde의 평균 기온은 1990년 이후 30년 동안 1.5도 상승했다. 그 사이 포도나무의 생육이 빨라져 과실이 과숙하는 경향이 강해지면서 수확기가 앞당겨졌다. 그래도 포도의 평균 당분이 높아져 결과적으로 보르도 와인의 평균 알코올 도수는 20세기 말의 12.5%에서 현재는 14.5%로 올라갔다. 보르도의 포도 재배 면적의 3분의 2를 차지하는 메를로Merlot 종은 빨리 익는 품종이라 고온의 영향을 쉽게 받기 때문에 재배 품종의 교체가 진행되고 있다.

보르도, 부르고뉴Bourgogne, 샹파뉴Champagne 등 1930년대

프랑스 보르도 지역의 대표적인 레드 와인 생산지 생테밀리옹 포도밭

식량위기, 이미 시작된 미래

에 가짜 라벨을 방지하기 위해 만든 프랑스의 원산지 통제 명칭AOC은 원산지를 붙일 때 포도 품종, 양조법 등 엄격한 규제를 가하고 있다. 그중에서도 가장 엄격한 보르도가 2021년 새로운 여섯 가지 품종을 AOC에 추가했다. 흑포도 품종인 투리가 나씨오날Touriga Nacional, 까스테Castets, 백포도 품종인 알바리뇨Alvarinho 등이 있다. 투리가 나씨오날은 포르투갈, 알바리뇨는 스페인 품종으로 이른바 고온에 강한 품종이라고 할 수 있다. 메를로 등의 전통 종이 고온으로 받는 타격과 보르도 와인의 변질을 줄이려는 노력이다.

보르도뿐 아니라 세계의 와인 산지들은 포도 재배에 적합한 연평균 기온 10~16도의 땅을 찾아 점점 북쪽의 고지로 바뀌고 있다. 예전에는 영국인들이 자국에서 와인을 생산할 수 없어서 프랑스 와인에 전념한다고 말해왔지만, 이제 영국 북부의 스코틀랜드가 와인 산지로 부상하고 있다. 프랑스에서도 스페인 국경 근처 피레네산맥의 고도 1,000미터 이상의 지역이 와인용 포도를 재배할 최적의 기후라고 언급하기 시작했다.

'물의 별' 지구의 이변

2011년 튀니지에서 시작해 리비아, 이집트, 시리아로 '아랍의 봄'이 널리 퍼졌다. 이집트에서는 1981년부터 30년 동안 독재 정권을 유지해온 무바라크 대통령을 타도하는 등 큰 변화가 일어났다. 1장에서 언급했지만, 시리아에서도 강권적인 아사드 Assad 정권 타도의 움직임이 일어나 반정부 측과 러시아가 가세한 아사드 정권 사이에서 격한 내전이 벌어졌다. 그 결과 발생한 다수의 난민이 유럽으로 유입되어 사회적인 긴장과 테러 등 치안이 악화되었다.

시리아 위기의 배경에는 정권적 대립만이 아니라 농업을 지탱하는 유프라테스Euphrates강의 수량 감소가 있다는 설이 있다. 그 설을 뒷받침하듯 유프라테스강의 수량이 과거 100년 동안 30% 이상 감소했다는 연구 결과가 있다. 강우량의 감소와 상류 지역의 취수가 원인으로 지적되며, 시리아 국내에서 농업이 되지 않는 것이 많은 이농 난민을 낳았다고 보고 있다.

티그리스Tigris강과 유프라테스강이 전국 토지의 지표수에서 98%를 차지하는 이라크는 상황이 더 심각하다. 2020~2021년 겨울, 티그리스강의 수량이 평균보다 29% 줄었고, 유프라테스강은 73% 감소했다. 기후 변화에 따른 강우량의 감소가 농민의 경제 기반을 파괴함과 동시에 정치적인 대립을 심화시켜 난민을 대량으로 만들어냈다고 해도 될 것이다. 이렇게 지구 온난화와 식량위기는 난민의 급증과 깊게 관련되어 있다.

선진국도 예외는 아니다. 2020년 여름에는 중국에서 인도,

북아프리카, 유럽, 미국까지 북반구 대부분이 비가 적게 내리고, 열파 현상(평균 기온보다 훨씬 높은 기온이 지속적으로 나타나는 현상-역주)을 겪었다. 프랑스에서는 기상 관측 사상 가장 극심한 가뭄을 겪었고, 스페인과 포르투갈은 1,000여 년 만에 최악의 건조한 날씨가 찾아와 곳곳에서 산불이 발생했다. 이탈리아의 곡창지대인 롬바르디아Lombardia 평원을 관통하며 풍부한 농업용수를 공급해온 포Po강도 물줄기가 줄어들면서 70년 만에 가장 낮은 수위를 기록했다. 서구에서 가장 중요한 수로인 라인강 역시 일부 장소에서 수위가 줄어들면서 수로 운송과 취수에 문제가 발생했다.

이와 같은 이상고온과 물이 마르는 현상으로 프랑스, 스페인, 포르투갈, 이탈리아에서는 농축산물 생산량의 급감이 우려되었다. 유럽위원회는 2022년 연질밀(제과용으로 사용되는 박력분의 원료-역주)의 예상 수확량을 1억 2,500만 톤으로 당초 전망에서 500만 톤 낮췄다.

미국에서도 와이오밍에서 오클라호마, 텍사스 등 8개 주에 걸친 대평원Great Plains(그레이트플레인스) 곡창지역을 지탱해온 풍부한 지하수대 오갈라라Ogallala 대수층이 과도한 농업용수의 사용으로 많이 감소했다. 과거 콜로라도Colorado강의 수량 235년분에 해당한다고 알려진 방대한 지하수는 2030년에 고갈될 것이라

지구 온난화로 메마른 땅

는 경고가 나오고 있다. 극도로 공업화된 농업 등 인간의 생활
을 영위하는 데 사용했기 때문이다.

한국도 지난 몇 년 동안 강수량이 줄면서 남부지방은 오랫
동안 가뭄이 이어지고 있다. 이런 상태가 지속된다면 2023년 5
월 이내에 제한급수(물 공급 제한하는 것)를 해야 할지도 모른다는
부정적인 전망이다. 이미 남부 일부 섬에서는 2022년 8월부터
제한급수를 시행했다.

지구는 표면의 3분의 2가 바다, 호수, 하천 등 물(13.9억 세제
곱킬로미터)로 덮여 있어 '물의 별'이라고도 부른다. 그러나 담수
는 전체의 불과 2.5%밖에 되지 않는다. 게다가 그중 3분의 2는

북극, 남극권의 빙산과 산악지대 빙하의 물이고, 나머지 3분의 1이 지하수다. 호수, 늪, 하천처럼 인간이 사용하기 쉬운 형태로 지표에 존재하는 담수는 지구 물의 겨우 0.008%(10.5 세제곱킬로미터)에 불과하다.

유네스코의 〈21세기 초 세계 수자원 보고서〉에 따르면 희소한 담수의 사용처는 1960년에 농업용수가 75.2%를 차지하고 있었는데, 1995년에는 66.1%로 감소했고, 2025년에는 60.9%까지 떨어질 것이라고 한다. 공업용수와 생활용수가 증가하면서 농업 생산을 압박하고 있는 것이다. 담수는 희소한 자원으로 인류에게 농산물을 공급하는 가장 큰 힘이 된다는 사실을 잊어서는 안 된다.

지구 온난화 문제에서는 북극, 남극, 그린란드의 얼음이 녹으면서 일어나는 해수면 상승이 줄곧 경고되어 왔다. 남태평양의 도서국, 투발루, 키리바시 등은 밀려드는 현실의 위기를 세계에 호소하고 있다. 섬나라는 아니지만, 국토의 평균 해발이 낮은 방글라데시나 인도의 해안부도 해수면 상승으로 농지가 크게 감소할 우려가 있다.

방글라데시에서는 해수면이 1미터 상승하면 약 3만 제곱킬로미터의 국토가 수몰하는 한편 해안부의 농지에 해수가 침투해 염해를 입어 수확이 감소한다. 아시아 개발은행ADB에 따르면 해수면이 1미터 상승하면 쌀 생산량이 80~290만 톤 감소할 우려가 있다고 한다. 마찬가지로 인도에서는 해수면이 1미터 상승하면 6,000제곱킬로미터의 농지가 손실되고 염해도 심각해진다. 이런 해수면 상승의 영향은 태국, 베트남, 미얀마, 필리핀 등에서 공통으로 발생하며, 쌀의 자급자족을 실현해온 아시아의 벼농사 지대에 상당한 타격을 줄 위험성이 있다.

제4장

식량인가
연료인가

바이오 연료가 만들어낸
새로운 농산물 쟁탈전

인류의 역사는 기아와의 전쟁이었고, 식량을 확보하는 것은 생존을 건 사명이었다. 곡물은 식량 중에서도 재배를 통해 안정적으로 양산하고, 장기적으로 저장할 수 있어 인류의 비약적인 번영과 인구 증가의 원동력이 되어 왔다. 때문에 곡물 수급의 차질이나 가격 급등은 21세기를 살아가는 우리에게도 공포감을 주는 사태다.

하지만 제2차 세계대전 이후 오늘날까지 아프리카 등에서 국소적으로 발생한 기근을 제외하고, 세계적인 규모로 곡물 가격이 급등하는 등 식량위기에 가까운 상황이 발생한 것은 단 몇 차례뿐이었다. 이상기후 등으로 곡물 생산이 대폭 줄어든 1958~1959년의 중국, 세계적으로 곡물 생산이 침체된

1973년, 유가 급등으로 옥수수 등의 곡물이 바이오 연료를 생산하는 데에 대량 소비되면서 곡물 가격이 급등한 2008년, 가뭄으로 러시아와 미국 등에서 생산이 큰 폭으로 줄어들었던 2010~2011년을 들 수 있다.

2022년 세계적으로 식량 가격이 급등한 주된 요인은 식량 생산이 부족해서가 아니라 러시아의 군사 침공과 우크라이나의 수출 중단, 글로벌 물류 혼란 때문이지 지구 전체로 보면 곡물 재고는 충분하다. 앞으로 예상되는 식량위기는 전쟁 등의 인위적 요인을 제외하면 주로 지구 온난화에 기인하는 대규모 기후 변화가 가장 큰 요인이 될 것이다.

세계 농업이 직면한 눈앞의 과제는 오히려 과잉 생산에 있고, 이를 주도하고 있는 것은 미국, EU, 캐나다, 호주 등의 선진국이다. 주목할 만한 것은 선진국이 생산하는 옥수수, 사탕수수, 유채씨 등의 잉여 농산물이 에탄올 같은 바이오 연료가 되어 지구 온난화 대책의 핵심인 탄소중립으로 가는 큰 흐름 속에 있다는 점이다. 바이오 연료의 수요가 새로운 성장기에 접어든 지금, 인류와 자동차 등의 수송 수단이 식량이 될 수 있는 농산물을 둘러싸고 쟁탈전을 시작한다는 것이 아이러니한 현실이다.

곡물 과잉 생산을 해결한 바이오 연료

5장에서 자세히 살펴보겠지만, 미국과 유럽의 농업 강국에서
는 오랫동안 농업 보조 정책을 극진히 펼친 탓에 곡물의 과잉
공급이 만성적으로 나타났다. 그래서 불량 재고가 될 만한 곡
물을 아프리카, 중동, 아시아 등의 개발도상국에 식량으로 지
원하거나 저가로 수출해 처분해왔다. 그리고 세계 시장의 수급
상황이 농업 강국의 수출량을 크게 흔들어 자국 내에 재고가
증가하면 곡물 가격이 떨어져 농가가 파산 직전까지 가는 패턴
을 반복해왔다. 결과적으로 미국과 유럽의 농업 강국들은 정부
가 매입하는 식의 가격 지지 정책으로 갈 수밖에 없었고, 미국
에서는 농가에 대한 정부 보조금이 부풀어 재정 적자의 요인이
되었다.

결국 미국과 유럽이 자국 내의 농업을 보호하고, 왜곡된 수
출 촉진 정책의 모순을 해소하며, 농업의 생산력을 유지하면서
농가 수입을 안정시키기 위해 내세운 새로운 전략은 농산물을
원료로 하는 바이오 연료의 생산이다. 바이오 연료는 재생 가
능한 생물 유래 유기성자원biomass (바이오매스)을 원료로 삼아 발
효, 착유, 열분해를 통해 생산한 연료를 말한다. 바이오 연료는
자동차에 사용하면 이산화탄소를 배출하지만, 원래 대기 중의
이산화탄소를 광합성으로 흡수해 고정화한 원료로 제조해서

이산화탄소를 배출하더라도 흡수분과 상쇄된다고 여겨 탄소중립의 연료로 꼽힌다.

현재 바이오 연료의 대표 주자는 바이오에탄올(알코올)과 바이오디젤이며, 각각 차량 수송용 연료인 휘발유와 디젤유에 혼합해서 사용하고 있다. 바이오에탄올을 가장 빨리 자동차에 이용하기 시작한 곳은 브라질이다.

바이오 연료 선진국 브라질

브라질은 오랫동안 사탕수수 생산량으로 세계 1위 자리에 군림하고 있다. 2020년에는 7억 5,711만 톤을 생산해 세계 생산량의 40% 이상을 차지했다. 때문에 전 세계적으로 사탕수수가 풍작이 되어 정제하는 설탕의 시황이 하락하면 브라질의 사탕수수 농가들은 심각한 타격을 입는다. 현실적으로 그런 위기는 주기적으로 발생했고, 브라질은 설탕 외에 사탕수수를 활용하는 방법과 새로운 용도 개발의 필요성을 느꼈다.

사실 브라질은 예전부터 이보다 더 큰 문제가 있었는데, 석유의 70% 이상을 수입에 의존하는 에너지 안보 문제다. 국토 면적이 세계 4위인 브라질에 자동차와 항공기를 이용한 국내 이동과 농산물 수송을 위한 연료 확보는 경제성장뿐 아니라 국가 안정과도 관련된 중요한 과제였다. 브라질은 1931년에 이

바이오에탄올로 사용되는 브라질의 사탕수수밭

미 설탕 가격을 지지하기 위해 사탕수수의 용도를 확대하려고 휘발유에 5% 비율로 바이오에탄올을 혼합할 것을 의무화했다. 일본과 한국은 아직 자동차가 일반에 보급되지도 않았던 시대에 브라질에서는 이미 자동차 연료로 바이오 연료를 이용하기 시작한 것이다. 이는 바이오 연료의 역사가 의외로 길다는 것을 보여준다.

브라질에서 바이오에탄올이 본격적으로 보급된 계기는 1973년 10월 제4차 중동전쟁으로 1차 석유위기가 오면서 유가가 급등한 것이었다. 당시 원유의 70% 이상을 수입에 의존하던 브라질 경제는 심각한 타격을 입었다. 그래서 석유 수입을 줄이고자 나온 아이디어가 약 40년 전에 시작된 사탕수수 바이오 연료다.

브라질에서는 사탕수수에서 바이오에탄올을 효율적으로 생산하는 기술 개발과 휘발유에 혼합해도 자동차 엔진을 손상시키지 않는 대책 등이 연구되었다. 그런 꾸준한 연구와 정책 추진으로 브라질은 2005년까지 바이오 연료의 생산과 소비에서 세계 1위에 있었다. 사탕수수로 만든 알코올 도수가 높은 럼주라는 술이 있는데, 바이오 연료도 이 술과 원리가 같다. 이는 럼주가 생산되는 곳에서는 바이오 연료 생산도 가능하다는 의미다.

현재 브라질 주유소에서는 바이오에탄올이 27% 함유된 휘발유와 100% 바이오에탄올 두 종류를 자동차 연료로 판매하고 있으며, 순수 휘발유 연료만 사용하는 자동차는 사용을 금지하고 있다. 그래서 27% 혼합과 100% 순수 바이오에탄올을 모두 사용할 수 있는 가변 연료 차량FFV, Flexible Fuel Vehicle이 가장 많이 보급되어 있다.

환경 대책으로 시작한 미국의 바이오 연료

곡물 강국인 미국이 바이오 연료로 눈을 돌린 것은 브라질과는 전혀 다른 이유에서였다. 1970년 미국에서는 자동차가 발생시키는 대기오염이 심각해져 엔진 노킹(이상연소로 엔진에서 망치로 두

드리는 것과 같은 소리가 나는 것-역주) 방지용으로 첨가되는 납이 최대 오염물질로 지적되어 대책을 마련해야만 했다. 다만 휘발유의 무연화를 진행하면 엔진 출력과 관련된 옥탄가(엔진에 연료로 사용되는 휘발유의 특성을 나타내는 수치-역주)가 낮아지는 문제가 있어 옥탄가를 높이는 효과가 있는 알코올 연료를 혼입하기 시작했다.

1973년 1차 석유위기는 브라질과 마찬가지로 미국에서도 휘발유 가격의 억제를 위해 알코올 활용을 높여주는 역할을 했다. 미국의 경우 이스라엘과의 관계에서 아랍 산유국의 표적이 되었고, 아랍 산유국의 원유 수출입 금지를 당하는 것도 안보에 큰 위협이 되어 당시 닉슨 정권은 에너지 안보 정책으로 알코올 연료를 활용하는 쪽으로 방향을 틀었다. 바이오 연료는 자국에서 재배되는 농산물을 원료로 하는 한, 국산 에너지라는 점도 보급의 중요한 동기가 되었다. 1977년에 개정된 대기청정법(1963년 제정)에 따라 일반적인 휘발유 대비 바이오에탄올의 혼합률은 10%(E10이라고 부름)로 정해졌다.

게다가 1978년부터 바이오에탄올을 혼합한 휘발유에 대한 휘발유세 감면 조치가 도입되고, 1990년에는 소규모 바이오에탄올 제조업체에 대한 연방세 감세 등 다양한 장려 조치가 취해져 미국에서는 바이오에탄올의 소비와 생산이 급증했다. 이때 바이오에탄올 제조업체의 주역이 된 것은 옥수수 산지인 중서부의 농업 자본이었다. 미국에서는 옥수수의 과잉 생산, 불량 재고가 농가의 경영을 압박하고 있었기 때문에 농가에는 가뭄에 오는 단비 같았다.

세계적인 전환기는 1990년대에 찾아왔다. 1997년 교토 의정서로 정착한 지구 온난화 대책이 날개를 달면서 바이오에탄올을 수송 기관의 연료로 활용하자는 생각이 세계적으로 확산했다. 미국은 자국 내 농업 대책과 에너지 안보라는 두 마리 토끼를 잡으면서, 지구 환경에 대한 대책까지 더해져 일석삼조라고 할 만한 정책으로 진화했다. 옥수수로 만든 바이오에탄올은 사탕수수로 만든 브라질의 연료보다 비용이 많이 들었지만, 미국 정부는 옥수수 농가에 직접 지급하는 것보다 바이오에탄올을 이용하는 데에 보조금을 지출하는 편이 총 부담이 적다고 판단하고 빠르게 확대해나갔다. 현재 E10 가솔린은 거의 모든 미국 전역에서 판매되고 있다.

바이오 연료의 다양한 원료들

현재 바이오 연료의 원료는 크게 사탕수수, 옥수수, 대두, 유채씨, 기름야자 등의 재배작물 계통과 음식물쓰레기, 하수슬러지, 가축분뇨 등의 폐기물 계통으로 나뉜다. 이 중에서 재배작물 계통의 바이오 연료로는 사탕수수, 옥수수, 카사바cassava (주로 열대지방에서 구황식물로 이용-역주) 등을 원료로 당을 발효해 만드는 바이오에탄올과 유채씨, 대두, 기름야자 등 과실과 종자에 기름이 포함된 작물(유량 작물)에서 착유·추출한 원료 기름을 가공해 만드는 바이오디젤유BDF가 실용화되어 있다.

옥수수, 사탕수수, 대두, 유채씨 등 식용 작물의 원료로 만든 바이오 연료는 '제1세대'라고 하며, 곡물 원료를 벗어난 셀룰로오스계나 폐식유 등 비식물 원료로 만든 것은 '제2세대' 또는 '선진적인advanced 바이오 연료'라고 한다. 바이오에탄올과 바이오디젤은 화석 유래 휘발유와 디젤유에 혼입해서 사용하는 것이 일반적이다.

미국 에너지 정보국EIA에 따르면 2019년에 세계에서는 1억 943만 킬로리터(1킬로리터=1,000리터)의 바이오에탄올이 생산되고 있는데, 그중 미국은 54.6%에 달하는 5,973만 킬로리터를 차지해 압도적인 1위다. 2위는 28.7%에 해당하는 3,139만 킬로리터의 브라질이며, 미국과 브라질의 바이오에탄올 생산량은 전 세계의 84.2%를 차지한다. 앞서 언급했듯이 브라질은 세계에서 가장 먼저 바이오에탄올을 생산해 보급에 성공한 나라이며, 2005년까지 바이오에탄올 생산량 1위로 독주하고 있었다. 하지만 미국이 등장해 거대한 곡물 재고를 바이오에탄올로 전환하기 시작하면서 2006년 이후에는 미국이 세계 최대의 바이오에탄올 생산국으로 올라섰다. 2010년 이후 미국의 생산량은 브라질의 거의 2배가 되었다.

또 다른 바이오 연료인 바이오디젤은 2019년 세계 생산량이 4,670만 킬로리터까지 증가했으며 앞서 언급한 바이오에탄올의 40% 규모까지 증가했다. 바이오디젤의 생산과 소비에서 우위에 있는 것은 EU이며, 2019년 생산량은 1,649만 킬로리터로 전체의 35.3%를 차지하고 있다. 2위는 인도네시아로 전 세계의 17.1%에 해당하는 800만 킬로리터, 3위는 14.0%의 미국, 4위는 12.4%의 브라질이다.

미국과 EU가 바이오 연료에서 세계를 선도하게 된 것은 모두 공급이 과잉한 곡물과 유량 작물이 많았기 때문이다. 인도네시아는 다소 특수하지만, 식물유 중심인 팜유 생산이 세계 1위라서 원료를 얻기 쉽다는 사정이 있다. 이제부터는 미국과 EU의 바이오 연료 상황을 중심으로 소개하고, 바이오 연료에 잠재하는 리스크에 대해 알아보고자 한다.

농촌진흥과 곡물 가격을 지지하는 미국의 바이오 연료 정책
1980년대 중반 이후 EU 등이 곡물 생산을 대폭 늘리면서 세계적으로 곡물 공급이 과잉 상태에 빠졌다. 시황 하락으로 농업 소득은 크게 떨어졌고, 미국 중서부 지역의 전체 경제 상황도 악화되었다. 이런 농업의 불황을 극복하기 위해 중서부의 대규모 농가들은 1990년대 바이오에탄올 공장을 잇달아 짓고 스스로 옥수수의 신규 수요를 개척해 가격을 지지하기 시작했다. 이는 동시에 취업 기회가 적었던 중서부 농촌 지역에 새로운 일자리를 창출하는 농촌산업 진흥책이 되기도 했다. 바이오에탄올의 생산을 장려하는 정책은 환경 대책이라는 목적 이상으로 옥수수를 생산하는 농가에 대한 농업 보호 정책이 되었다고 할 수 있다.

이런 바이오에탄올의 수요를 새로운 단계로 끌어올린 것이 2001년 이후 진행되기 시작한 유가 급등이다. 유가는 1986년 역오일쇼크 이후 주춤했고, 저가 연료인 바이오에탄올은 잊혀 갔다. 그러나 21세기 들어 다시 바이오 연료가 석유를 대체할 에너지로 주목받기 시작했다.

미국에서 2005년에 통과된 '2005년 에너지 정책법'으로 옥수수 유래를 중심으로 한 바이오에탄올 등의 재생가능 에너지 사용을 의무화하는 '재생가능 연료 기준RFS, Renewable Fuel Standard(신재생 연료 의무 혼합제)'의 도입이 결정되었다. 이 법은 자동차 연료에 포함되는 바이오 연료의 사용량을 2006년 40억 갤런gal(1갤런 =3.785412리터)에서 2012년까지 연간 75억 갤런으로 확대하는 것을 의무화했다. 그러자 2005년부터 옥수수 유래 바이오에탄올

의 생산이 급증했다. 2007년에는 65억 갤런으로, 2012년의 목
표를 앞당겨 달성할 것이 확실해졌다. 동시에 곡물의 국제가격
이 급등하면서 바이오 연료용 곡물 소비가 원인이 아니냐는 전
세계의 규탄을 받았다. 세계적으로 "식량이냐, 연료냐"라는 논
란이 일어난 것이다. 국제식량정책연구소IFPRI에서는 2007년부
터 국제 곡물 가격 상승의 30%가 바이오 연료 때문이라고 시산
했다(2008년 5월). 국제 곡물 가격과 바이오 연료의 관계는 2008
년 6월에 개최된 유엔 식량 서밋summit(세계의 식량안보에 관한 수준 높
은 회합)과 같은 해 7월에 개최된 주요국 수뇌회담 도야코洞爺湖

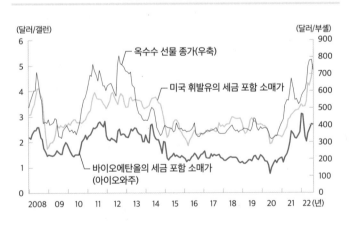

도표 4-1 · 미국의 바이오에탄올, 휘발유, 옥수수 가격

출처: USDA, CBOT, EIA

식량위기, 이미 시작된 미래

서밋에서도 논의되어 국제적인 문제가 되었다^{도표 4-1}.

이런 글로벌한 움직임과 역행하는 형태로 미국은 2007년에 제정된 2007년 에너지 자립·안보법_{Energy Independence and Security Act of 2007}에서 2022년까지의 재생 가능한 연료의 기준을 360억 갤런까지 확대하기로 해서 바이오 연료를 한층 더 보급하기로 했다. 다만 옥수수가 식량으로 쓰이는 부분을 고려해서 옥수수 유래 바이오에탄올은 전체의 42% 이하인 150억 갤런으로 한정하고, 나머지 210억 갤런은 옥수수 이외의 셀룰로오스계 원료나 폐자재를 원료로 하는 선진적인 바이오 연료로 정했다. 또 곡물 등 기존형 원료로 생산하는 바이오 연료는 라이프 사이클 어세스먼트_{LCA, Life Cycle Assessment}(전 과정 평가)를 통해 휘발유 또는 경유와 비교해서 온실가스를 20% 이상 감축하는 것에 한정한다는 환경 대응의 틀을 적용했다.

다소 어려운 이야기지만, 농업 생산에서도 화학 비료, 농기계, 물류 등에 에너지를 소비하기 때문에 바이오 연료의 원료가 되는 옥수수 등에서도 생산으로 소비하는 에너지를 고려해 온난화 방지 효과를 측정하고, 20% 이상의 온실가스 감축 효과가 없으면 바이오 연료로 인정하지 않겠다고 한 것이다.

선진적인 바이오 연료는 더욱 문턱이 높아서 LCA 분석을 통해 온실가스를 50% 이상 감축해야 한다고 규정했다. 특히 셀룰로오스계 원료로 만든 바이오에탄올은 온실가스를 60% 이상 줄일 필요가 있다고 정해져 있다. 원료가 다양하고 복잡한 처리가 필요한 선진적인 바이오 연료는 원료 비용이 일반적으로 저렴하지만 분해 등의 공정에서 많은 양의 에너지를 소비할 우려가 있어 옥수수 유래 연료보다 제한이 엄격하다. 여기에는 농업 생산자가 주도하는 바이오 연료를 보호하려는 미국 정부의 목적이 있는 것이 틀림없다.

이런 바이오 연료 우대 정책으로 미국의 바이오에탄올 생산은 꾸준히 증가했다. 하지만 수요 자체는 휘발유에 혼합하는 비율의 상한선이 10%로 정해져 있기 때문에 만성적으로 바이오에탄올 공급량이 수요를 웃돌아 가격이 정체되는 상태가 지속되었다. 그래서 2010년 미국 환경보호청EPA은 2007년 이후 제조된 일반 승용차에 대해 바이오에탄올 혼합률의 상한선을 15%(E15)로 높였다. 다만 이것은 휘발유에 최대로 혼합할 수 있는 비율일 뿐 의무는 아니다.

미국이 휘발유 혼합률에 집착하는 것은 알코올 연료가 아주 쉽게 기화되고, 고온에서 증발한 알코올 배기가스가 스모그나 오존 증가로 이어질 위험성이 있기 때문이다. 이 때문에 E15 휘발유는 여름철(5월 1일~9월 15일)에는 판매가 금지된다. 하지만 바이든 정권은 러시아의 우크라이나 침공으로 휘발유 가격이 급등하자 2022년 4월, 대책으로 E15를 여름에도 판매할 수 있는 규제완화책을 내놓았다. 휘발유 가격의 억제로 소비자들에게 어필하는 동시에 공화당의 든든한 기반인 아이오와주와 일리노이주 등 중서부 주의 농민들에게 옥수수 수요 증가로 지지를 얻고자 하는 의도가 엿보인다.

미국의 바이오에탄올용 옥수수와 바이오디젤용 대두의 수요

1갤런의 바이오에탄올을 생산하려면 약 3부셸(76.2킬로그램)의 옥수수가 필요하다. 미국에서 바이오에탄올용 옥수수 사용량은 2001~2018년 1,790만 톤에서 1억 4,106만 톤으로 약 8배 증가했으며, 옥수수 생산량에서 바이오에탄올용이 차지하는 비율은 같은 기간 7.4%에서 38.7%로 매우 높아졌다. 이는 옥수수가 주로 쓰이는 축산 사료와 어깨를 나란히 할 정도의 비율이다.

바이오에탄올의 수요로 미국의 옥수수 생산량은 2001년 2억 4,138만 톤에서 2018년에는 3억 6,426만 톤으로 50.9%나 대폭으로 증가했다. 경작 면적도 밀에서 옥수수와 대두로 대규모 이동했다. 2001~2018년 밀의 경작 면적은 19.5% 감소했지만, 옥수수는 17.4%, 대두는 20.4%나 확대되었다. 대두는 중국으로 가는 수출이 늘어난 것이 요인이지만, 옥수수는 바이오에탄올 생산량 증가가 그 목적이라서 바이오 연료 정책의 인센티브 효과를 보여주고 있다.

한편 미국의 옥수수 수출량은 이 기간에 4,838만 톤에서 5,248만 톤으로 증가했지만, 8.5%라는 저성장을 기록했고, 미국산 옥수수가 수출되는 비율은 20.0%에서 14.4%로 낮아졌다. 같은 기간 밀도 생산량과 수출량이 제자리걸음을 하거나 소폭 감소하는 추세였다. 미국은 바이오 연료라는 새로운 수요를 개척하면서 개발도상국을 상대로 하는 밀의 저가 수출 공세를 멈췄다. 미국의 수출 압력이 낮아지자 러시아와 우크라이나의 밀 수출이 급증했다. 이는 러시아와 우크라이나가 선진국의 곡물 수출이 줄어든, 그 틈새를 파고들었다고 해석할 수 있다.

살펴본 바와 같이 옥수수를 원료로 하는 바이오에탄올 증산의 역사는 미국의 곡물 농가들이 수출에 의존하다가 국내 수요를 중시하게 되는 과정을 보여주고 있다. 옥수수로 만든 바이오에탄올의 소비와 생산 촉진은 옥수수와 밀의 시장가격을 지지하고 상승시켜 국제적으로 무역 왜곡이라고 해석되는 농가에 대한 정부 보조금 삭감, 국내적으로는 농업 보조 예산 삭감이라는 획기적인 성과를 낳았다. 미국 농업 정책의 역사적 성과라고 할 수 있다.

앞서 언급했듯이 미국에서는 2007년 에너지 자립·안보법에서 정한 '2022년까지 연간 360억 갤런의 재생 가능한 연료 생산' 중에서 150억 갤런은 제1세대로 불리는 옥수수 원료 바이오에탄올이고, 나머지 210억 갤런은 옥수수 이외의 셀룰로오스계 원료나 다른 선진적인 바이오 연료로 하고 있다. 옥수수를 원료로 하는 150억 갤런의 바이오 연료 생산은 거의 상한선에 도달했다. 2011년 이후 바이오에탄올용 옥수수 소비량은 대략 옥수수 생산량의 35~40%인 1억 3,000만 톤에서 1억 4,000만 톤 사이로 안정세를 보이고 있다.

문제는 셀룰로오스계 원료 등으로 만드는 바이오에탄올은 상업적인 실용화와 대규모 생산이 벽에 부딪혀 난항을 겪고 있다는 점이다. 그나마 바이오디젤유는 미국에서 경유에 대해 74%의 온실가스 감축 효과가 있다고 인정받아 선진적인 바이오 연료에 해당되어 2010년 이후 바이오디젤 생산은 빠르게 확대되고 있다.

현재 바이오디젤의 주원료는 대두다. 미국에서 대두유의 국내 수요량 중에 바이오디젤용으로 사용하는 비율은 2005년에는 70.6만 톤으로 8.7%에 불과했지만, 2010년에는 124.2만 톤인 16.5%, 2020년에는 401.4만 톤인 37.9%로 급증했다. 트럼프 정권이 쏘아 올린 미중 냉전이 격화되는 가운데, 미국에서는 중국으로 가는 대두 수출의 전망이 불안해지면서 바이오디젤이라는 새로운 국내 용도를 확대하고 있다.

농업 정책으로 바이오 연료에 주목한 EU

EU가 농업 정책으로 바이오 연료에 주목한 것은 1990년대이며, 1992년 EU의 '공동농업정책CAP,Common Agricultural Policy' 개혁에 따라 생겨난 휴경지의 활용 대책이 단초가 되었다. 높은 수준의 가격 지지와 수출 보조금을 배경으로 한 과잉 생산을 시정하기 위해 EU는 1992년에 '가격 지지 수준의 인하', '휴경을 수반하는 직불제 도입'이라는 두 가지 정책을 골자로 하는 개혁을 단행했다. 휴경set aside은 직불제 수급의 필수 요건으로 꼽혔지만, 휴경지에 비식용 바이오 연료 원료의 경작NFSA, No Food on Set Aside이 인정되고, 게다가 바이오 연료 작물이면 경작을 해도 통상적인 휴경 보상금을 지급하는 제도가 만들어졌다. 이는 비식용 농작물의 경작 면적 확대를 통해 일자리 창출, 농가 소득 향상 등 농업을 활성화하려는 의도였다.

휴경지에 바이오 연료 원료용 작물 재배를 확대하기 위해 EU는 2003년 공동농업정책 개혁 때 바이오 연료의 원료가 되는 작물에 대해 1헥타르당 45유로의 장려금을 지급하는 지원제도Energy Crop Premium를 신설해 2004년부터 시행했다. 이 장려금은 직불제에 가산되어 지급되었다. 또한 휴경지에 경작하는 바

걷기의 세계

뇌과학자가 전하는 가장 단순한 운동의 경이로움

IN PRAISE OF WALKING

당신의 뇌에 줄 수 있는 가장 좋은 선물은 당장 일어나 걷는 것이다!
친시키 터져 나오는 이 책을 쓰기 위해 저자는 대체 얼마나 걸었을까.

트렌드 코리아 2023

서울대 소비트렌드 분석센터의 2023 전망

더 높은 도약을 준비하는 검은 토끼의 해

RABBIT JUMP

'평균 실종'과 '오피스 빅뱅'의 2023

관계 둘러싼 공간 나이-모든 것이 재정의된다

2023 콘텐츠가 전부다

이제 콘텐츠는 '권력'이다.
K-컨버전스의 2023.
콘텐츠 판을 읽어라.

넷플릭스, 디즈니, 애플로, 월드컵 VS.
파친코, 무명주, 슬로우지적, BTS, 포스트맬론

호비클럽으로 오세요

사계절 취미 잡화점

HOBBY CLUB

미래의창

도서목록

수소 자원 혁명

지구를 위한 마지막 선택
수소가 바꾸는 미래

THE HYDROGE REVOLUTIO

10대

민족으로 읽는

패권의 세계사

운명을 이해하고, 전쟁을 일으키고,
새 시대를 연 민족들의 이야기

세상 친절한 경제상식

뉴스가 들리고 기사가 읽히는

최신 개념판

내향인을 위한 심리학 수업

홈페이지 miraebook.co.kr 페이스북 facebook.com/miraebook 인스타그램 @miraebook

미래의창

> ## "이 책은 수소 사회의 완성을 가속할 수 있는 점진적이며 현실적인 해법이 될 것이다"
>
> – 김상규 서울대학교 교수

수소 자원 혁명
지구를 위한 마지막 선택, 수소가 바꾸는 미래

마르코 알베라 지음 | 김종명 옮김 | 368쪽 | 19,000원

세계 경제는 탈탄소에 따라 재편되고 있다. 석유, 석탄과 같은 화석연료는 서서히 투자 가치가 떨어지고 친환경적 연료가 새로운 시대의 에너지로 떠올랐다. 그런데, 오늘날 그중에서도 유독 '수소'가 주목받는 이유는 무엇일까? 왜 모두가 수소를 말할까? '세계적인 에너지 리더' 마르코 알베라가 그 답을 제시한다.

> ## "인구는 무엇보다 중요하고 언제나 그래왔다"
> 모든 역사적 사건의 배경에는 '인구'가 있다

인구의 힘
무엇이 국가의 운명을 좌우하고
세계사의 흐름을 바꾸는가

폴 몰랜드 지음 | 서정아 옮김 | 432쪽 | 18,000원

모든 역사적 사건의 기저에는 바로 '인구'가 있다. 인구의 변화를 면밀히 살피다 보면 세계사의 변곡점마다 인구가 결정적인 요소로 작용했다는 점을 알 수 있다. 이 책은 세계사적 큰 변화에 주요한 역할을 했음에도 불구하고 그간 저평가되어왔던 인구 문제를 다룬 최초의 대중서다.

이오 연료 작물의 종자도 원조의 대상이 되었다.

이는 당초 EU 15개국만 대상이었으며, 면적도 150만 헥타르까지였으나 2007년부터 EU 25개국까지 대상이 넓어졌고, 면적도 200만 헥타르까지로 확대되었다. 이 새로운 제도를 바탕으로 한 바이오 연료의 경작은 첫해인 2004년에는 30만 6,000헥타르, 2005년에는 56만 1,000헥타르, 2006년에는 124만 8,000헥타르로 꾸준히 증가해서 EU의 바이오 연료 보급에 박차를 가했다. 2005년도에는 공적 지원이 없는 자주 재배 등을 합계한 EU의 바이오 연료용 작물 경작 면적은 곡물 경작 총면적의 4.4%에 달하는 250만 헥타르에 이르렀다.

온실가스 감축과 에너지 안보에 도움이 되는 바이오 연료

EU가 바이오 연료 생산 지원에 본격적으로 나선 배경에는 농업·농촌의 진흥 외에 1990년대 이후 온실가스 감축의 정책적 우선도가 높아진 점, 21세기 들어 유가가 상승해 이를 조달하는 측면을 포함해 에너지 안보상 필요성이 높아졌다는 점이 있다.

온실가스 감축에 관해서는 1997년 교토에서 개최된 지구 온난화 방지 교토 회의 제3차 당사국 총회COP3에서 선진 각국의 온실가스 배출량에 대해 법적 구속력이 있는 수량화된 감축 약속을 정한 '교토 의정서'가 만장일치로 채택되었다. EU 전체에서는 2008~2012년까지 매년 온실가스 배출량의 평균을 기준 연도가 된 1990년부터 8% 감축하기로 교토의정서에서 정했다. 이 목표 달성은 미국 7%, 캐나다와 일본 6% 감축보다 숫자상으로는 높지만, 실질적으로 옛 동유럽에서의 배출 감소 등 극히 용이한 부분을 포함하고 있어 안일한 목표에 불과했다. 한국은 멕시코와 함께 개발도상국으로 인정받아 해당 기간에는 배출의무를 면제받았다. 그럼에도 EU는 1999년 에너지 총 공급량에서 차지하는 바이오 연료와 재생에너지로 생산한 전력의 공급 비율의 목표를 1997년 6%에서 2012년까지 12%로 높였다.

에너지 안보의 필요성이 주목받은 배경에는 2003~2006년에 걸쳐 유가가 약 2배 상승했고, 2005년 8~9월에 미국에서 발생한 허리케인 카트리나Katrina로 석유제품 공급이 대혼란을 빚었으며, 2006년 1월 러시아에서 우크라이나를 거쳐 EU 여러 나라에 파이프라인으로 공급되는 천연가스의 일시적인 정지 문제 등으로 EU에서 에너지 공급의 혼란이 발생한 사건 등이 있었다. 두 번의 세계대전의 전쟁터가 된 유럽은 안보에 극히 민감하게 반응해서 석유를 대체할 에너지로 바이오 연료의 필요성, 즉 에너지 다양화에 수요가 높아진 것이다.

바이오 연료의 생산을 확대하기 위해 EU는 2006년 2월 유채씨 등의 농산물을 원료로 하는 바이오 연료 증산을 위한 시장 개선, 법률 정비, 연구 추진 등 광범위한 행동 계획을 담은 '바이오 연료에 관한 EU 전략'을 공표했다. 또 바이오 연료의 이용을 확대하기 위해 2009년에 역내 전체 수송용 연료에서 차지하는 바이오 연료 등의 재생가능 연료 비율을 2020년까지 10%로 끌어올린다는 의무적 목표를 부과한 '재생가능 에너지 지침RED, Renewable Energy Directive I'을 정했다. EU에서는 수송부문이 에너지 총소비량에서 30% 이상을 차지할 만큼 가장 큰 부문이며, 1990~2010년 기간에 증가한 온실가스 배출량의 90%가 이 수송부문에 의한 것으로 예측되어 수송부문의 온실가스 배출 감축 및 수송용 에너지 공급의 안정을 위해 바이오 연료 사용량의 의무적 목표를 부과한 것이다. 이 '재생가능 에너지 지침'은 2009년에 채택된 '기후·에너지 정책 패키지'의 일부가 되었다.

또한 에너지 총공급량에서 바이오 연료를 포함한 재생가능 에너지가 차지하는 공급 비율을 2012년 12%에서 2020년 20%까지 끌어올리고, 동시에 바이오 연료가 환경에 미치는 부작용을 막기 위해 환경 지속성 및 사회적 지속성을 포함한 바이오 연료 등의 '지속 가능성 기준'을 도입했다. '지속 가능성 기준'은 화석연료 대비 바이오 연료의 온실가스 감축률이 전술한 LCA 분석에 의해 현 상황에서 35% 이상, 2017년 이후에는 50% 이상, 2017년 이후에 건설되는 생산 설비에서는 60% 이상의 절감을 의무로 한다.

EU와 미국에서는 바이오 연료가 확대되면서 '간접적 토지 이용 변화의 리스크'라는 용어가 빈번하게 사용되기 시작했다. 이는 바이오 연료를 생산하기 위해 이탄지(해안 습지나 얕은 호수, 늪 등에서 식물의 유해가 조금 분해된 상태로 퇴적된 토지-역주)나 열대우림 등 이산화탄소가 고농도로 축적된 지역을 농지용으로 개간해서 바이오 연료로 감축한 온실가스보다 더 많은 온실가스를 발생시켜 온난화를 앞당기고 생물 다양성이 줄어드는 리스크를 가리킨다.

자연계에는 탄소를 저장하는 메커니즘이 있어서 그것을 파괴하면 그 땅에서 바이오 연료를 생산하는 의미가 없어진다. EU는 그런 토지 개발을 규제하기 위해 해당 토지에서 생산된 바이오 연료 및 그 원료가 역내에서 유통되지 못하도록 손을 썼다. 해당 원료의 대표적인 예로는 뒤에서 언급하는 팜유가 있다.

결국 LCA와 토지 조건을 포함한 종합적인 평가를 통해 바이오 연료의 가치를 판단해서 수송용 연료에 대한 최저 도입률이나 재생가능 에너지 전반의 도입 목표를 산정하는 대상으로 인정한 것이다. 동시에 바이오 연료에 대한 각종 재정지원의 대상이 되는지도 이런 종합적인 기준으로 결정된다. 한편 신규로 재배하는 것이 아닌 원료, 폐기물이나 찌꺼기, 비식용 셀룰로오스계 원료, 리그노 셀룰로오스계 등 제2세대 원료로 생산되는 바이오 연료에 대해서는 토지를 이용한 재배 식물계 원료인 바이오 연료보다 2배의 성과를 올렸다고 간주해 보조금을 지급하는 식으로 장려한다. 이런 EU의 대응은 식량과의 경쟁이라는 본질로 관심을 돌린 것이라고 할 수 있다.

다만 EU는 미국과 마찬가지로 식량과 경쟁하지 않는 제2세대 바이오 연료의 대규모 상업화 생산 전망이 불투명하고, 바이오 연료의 원료는 여전히 식물 기름, 사탕무(설탕의 주 제조원으로 온대기후에서도 잘 자라 미국이나 유럽에서도 재배 가능-역주), 밀, 옥수수, 등 식품이 주를 이루고 있다. 사탕무를 바이오에탄올의 원료로 사용하는 것은 EU의 설탕 제도 개혁과 관련 있다. EU는 WTO 패널의 심결에 따라 2005년 가을, 설탕 제도 개혁안에 합의하고 설탕 정책을 전면 재검토하기로 했다. 이 때문에 설탕 생산이 감소하면서 설탕 수출이 대폭 축소하자, 그 대신 설탕의 원료인 사탕무를 바이오에탄올용으로 장려금을 붙여 휴경지에서 재배하는 것이 가능해졌다. 동시에 많은 제당 공장이 바이오에탄올 공장으로 전환하면서 기존에는 수출로 돌아가던 설탕용 원료가 바이오에탄올용으로 거의 바뀌는 형태로 이용되고 있다.

EU의 바이오 연료 증산은 착실한 성과를 올리고 있다. EU의 바이오 연료는 바이오디젤유가 70~80%를 차지하고 있으며, 바이오디젤 생산량은 2002년 154만 킬로리터에서 2007년 667만 킬로리터, 2011년 1,099만 킬로리터, 2019년 1,649만 킬로리터로 2002~2019년 사이에 약 10배 증가했다. 바이오디젤의 70~80%는 식물 기름에서 유래하며, 2011년으로 보면 유채 기름이 식물유 원료의 약 70%를 차지하고 있다. 이후 수입 팜유가 증가했지만 2019년에도 유채 기름은 식물유 원료의 약 60%를 차지하고 있다. 오히려 EU 지역 내에서 생산된 유채 기름의 약 70% 이상이 바이오디젤의 원료가 되고 있다.

EU의 바이오에탄올 생산량은 바이오디젤에 비해 적지만, 그래도 2004년 46만 킬로리터에서 2007년 186만 킬로리터, 2011년 397만 킬로리터, 2019년 440만 킬로리터로 2004년~2019년 사이에 약 10배 증가했다. 바이오에탄올 생산에 사용하는 곡물은 2007년 450만 톤으로 EU 곡물 생산량의 2%에도 미치지 못했으나 2011년에는 3%, 2019년에는 4%로 꾸준히 증가했다.

바이오에탄올 생산에 사용하는 곡물 중에서 밀과 옥수수는 2011년 각각 446만 톤과 297만 톤, 2019년 492만 톤과

643만 톤으로 나타났다. 2019년에 밀과 옥수수 사용량을 합치면 1,135만 톤이 되며, 사람 한 명이 연간 약 100킬로그램의 곡물을 소비한다고 가정하면 1억 1,350만 명분의 식량이 바이오 연료에 돌아간 것으로 보인다.

EU에서 바이오에탄올 원료로 가장 많이 쓰는 것은 사탕무다. 2011년 948만 톤, 2019년 1,307만 톤의 사탕무가 바이오에탄올 생산에 사용되어 바이오에탄올용 원료의 약 40%를 차지하고 있다. 우리는 여기서 곡물을 원료로 하는 비율이 점점 높아지고 있다는 점에 주목해야 할 것이다.

바이오 연료 생산 확대가 불러온 먹구름

2005년 이후 세계적으로 곡물 등의 농산물을 원료로 하는 바이오 연료의 생산이 확대되면서 바이오 연료의 원료용으로 사용하는 농지가 확대되었다. 그러면서 토지 이용 전환에 따른 식량 가격의 급등, 간접적인 온실가스 배출에 관한 연구도 진행되었다. 그 결과 농산물 유래 바이오 연료의 도입 목적인 온실가스 배출 억제에 바이오 연료가 효과적인지 의문이 제기되기 시작했다. 2010년 EU 집행위원회는 농산물로 생산한 바이오 연료는 '간접적 토지 이용 변화'의 영향으로 곡물과 유량 작물을 원료로 하는 바이오 연료가 지닌 온실가스 배출량 감축 효과를 감소시킬 가능성이 있다고 발표했다.

이에 EU는 2015년에 2020년까지 수송용 연료에 바이오 연료 등 재생가능 연료의 10% 도입을 의무로 하는 목표 중에서 바이오에탄올/바이오디젤유에 관계없이 곡물 유래(제1세대) 바이오 연료의 도입 의무 목표 상한선을 7%로 정하고 동시에 셀룰로오스계, 폐식유, 폐기물 등을 원료로 하는 제2세대 바이오 연료 도입에 인센티브를 확대하기로 했다.

또한 2018년에 EU는 2009년 제정된 재생가능 에너지 지침RED I 을 개정하여 2030년까지의 목표를 정하는 RED II 를 2019년 2월 EU에서 결정해 시행에 옮겼다. RED II 는 EU 수준에서 고체, 액체, 기체를 전부 포함하는 최초의 포괄적인 지속가능성 기준의 틀이다. 에너지 총공급량에서 차지하는 바이오 연료 등의 재생가능 에너지 공급 비율을 2020년까지 20%에서 2030년까지 32%로, 수송용 연료에서 재생가능 에너지의 비율을 2020년까지 10%에서 2030년까지 14%로 높였다. 다만 식용 작물로 만드는 바이오 연료의 도입 상한선을 2030년까지 7% 또는 2020년 수준에서 +1%(어느 쪽이든 낮은 편)로 동결했다.

또 회원국들은 이런 바이오 연료에 대해 더욱 엄격한 도입 상한선을 설정하고, 그만큼 수송용 연료에서 재생가능 에너지 비율 14%라는 목표를 완화할 수 있도록 했다. 예를 들어 식용 작물 유래 도입 상한선을 3%(=7%-4%)로 설정했을 경우, 전체 목표는 10%(=14%-4%)로 할 수 있도록 했다. 아울러 식용 작물 유래의 도입 촉진은 기존의 투자 보호나 농업 정책의 관점에서 도입을 지속할지를 회원국에 맡기기로 했다.

바이오 연료는 과거 RED I 밑에서 큰 보조금을 받기 쉬운 수단이었지만, RED II 에서는 지속 가능성의 개념이 크게 바뀌었다. 간접적 토지이용 변화로 배출이 수반하지 않는다고 여겨지는 '제2세대형 바이오 연료'의 생산으로 의무 목표를 달성하려는 것이 EU의 목적이기도 하다. EU는 2030년 EU 전체의 바이오 연료를 포함한 재생가능 에너지 비율을 에너지 총공급량의 32%로 끌어올린다는 목표 달성에 지역 내 바이오 연료뿐 아니라 수입 바이오 연료도 활용할 방침이다. 수입 바이오 연료 및 수입 바이오 연료의 원료에 대해서도 지역 내에서 생산된 것과 마찬가지로 '지속 가능성 기준'을 충족시킬 필요가 있다고 정했고, 팜유는 그 실행의 예가 되었다.

팜유를 둘러싼 분쟁

EU가 2018년 개정한 현행 RED II 에서는 '간접적 토지이용 변화' 리스크가 높은 바이오 연료의 원료로 팜유가 지정되었다. 2021~2023년에는 2019년 수준을 넘어서는 안 되며,

2023~2030년까지 제로로 하겠다는 목표가 설정되었다. 특정 작물의 사용을 단계적으로 폐지하는 전례는 지금까지 없었는데, 그 이유는 두 가지로 보인다. 하나는 팜유가 과도한 삼림 파괴를 가져온다는 점, 다른 하나는 EU의 유채 기름 생산자를 보호하는 것이다. 어쨌든 바이오 연료는 선별과 도태의 시대로 접어들었다.

팜유는 기름야자 열매에서 얻는 식물 기름이며, 마가린의 원료가 되고, 초콜릿, 감자칩, 즉석면 등 다양한 가공식품에 이용된다. 식품 포장지에는 '식물유지'라고만 적혀 있어서 일반 소비자들에게 잘 알려지지 않았지만, 세계 식물 기름 소비량에서 유채 기름에 이어 2위로 대두유보다 많이 사용되고 있다. 21세기 들어 팜유는 식용뿐 아니라 바이오 연료의 원료로 주목받게 되었다.

팜유를 만드는 기름야자는 주로 인도네시아와 말레이시아에서 재배되며 이 두 나라가 세계 전체 생산량의 약 85%를 차지한다. 특히 최근에 인도네시아에서 기름야자 재배가 급격히 확대되고 있다. 하지만 그 한편에서는 온실가스를 대량으로 흡수하는 열대우림이 광범위하게 벌채되고, 온실가스를 땅속에 잡아두는 이탄습지(낮은 온도로 인해 유기물이 잘 분해되지 않은 상태로 쌓여 있는 토양층-역주)가 파괴되고 있어, 결과적으로 대량의 이산화

바이오디젤의 원료로 쓰이는 팜유

탄소가 배출되고, 야생 생물의 서식지가 없어지고 있다는 비판이 높아지고 있다.

1971~2005년까지는 말레이시아가 세계 최대의 팜유 생산국이었으나, 2005년 이후 인도네시아 팜유 생산량이 경이적인 수준으로 증가했고, 2006년 이후 인도네시아가 세계 최대 생산국이 되었다. 인도네시아의 팜유 생산량은 2005년 1,186만 톤에서 2019년 4,287만 톤으로 3.6배나 증가해 세계에서 차지하는 비율은 36.8%에서 57.5%로 높아졌다. 같은 시기 말레이시아의 생산량은 1,496만 톤에서 1,986만 톤으로 32.7%의 증가에 그쳤다. 이 시기의 수출량은 인도네시아가 1,038만 톤에서 2,563만 톤으로 147.0% 증가, 말레이시아는 1,319

만 톤에서 1,520만 톤으로 15.2% 증가했다. 전부 인도네시아의 약진이 눈에 띈다. 인도네시아에서 팜유는 석탄 다음의 수출 품목으로 전체 수출액의 약 10%를 차지한다. 말레이시아에서도 일곱 번째로 큰 수출 품목이다. 양국에 EU는 중요한 수출 대상인 것이다.

두 나라는 EU가 주로 팜유를 수입해오는 곳이다. EU의 팜유 수입량은 2005년 428만 톤에서 2019년 711만 톤으로 66.3% 증가했다. 이런 수입 팜유는 주로 EU 바이오디젤의 원료가 되며, EU 바이오디젤의 원료에서 팜유가 차지하는 비율은 2011년 9.8%에서 2016년 18.9%까지 확대되었다.

EU의 바이오디젤 원료는 2010년까지 EU산 유채 기름이 70%를 차지했으나 팜유 수입이 확대되면서 2019년에 유채 기름의 비율은 50%로 낮아졌다. 팜유 가격은 EU산 유채 기름보다 저렴하고, 바이오 연료의 원료로 수입이 급증하면서 EU산 유채 기름의 수요가 줄어들게 되었다. 이로 인해 EU 농가의 이익이 침해되어 농가에서 항의하는 움직임이 생겼다. 이것 역시 EU가 2030년까지 바이오 연료의 원료로 팜유를 사용하지 않겠다는 강경한 자세의 배경 중 하나다.

EU가 강력 대응에 나서기 전 단계로 2019년 8월, 유럽 집행위원회가 인도네시아산 팜유 등 바이오디젤의 수입에 대해

식량위기, 이미 시작된 미래

인도네시아 정부의 보조금과 세제 혜택을 받고 있다며 8~18%의 상쇄관세를 적용하기로 결정했다. 적용 기간은 5년으로 예정되어 있으며 EU 지역 내 사업자를 압박하고 있는 것으로 확인된다.

이런 EU의 팜유 수입 규제에 인도네시아와 말레이시아는 강하게 반발하고 있다. 2019년 12월 인도네시아 정부는 EU를 WTO에 제소하고, 2030년까지 팜유의 바이오 연료 사용 금지를 규정한 EU의 RED Ⅱ 와 수입 규제를 재검토하라고 요구했다. 말레이시아는 EU를 WTO에 제소하지는 않았지만, 역시나 강하게 반발하고 있다.

인도네시아는 2030년까지 수입을 제한하겠다는 EU에 대항하는 조치로 자국 내 바이오디젤 소비 확대에 나섰다. 원래 인도네시아는 수입 석유의 의존을 줄이고, 빈곤 감소와 고용 확대를 위해 2006년에 '국가 에너지 정책National Energy Policy'을 제정해서 바이오디젤을 핵심으로 하는 바이오 연료의 증산과 보급을 도모하려고 했다. 인도네시아의 바이오디젤 생산량은 2006년 6.5만 킬로리터에서 2019년 800만 킬로리터로 123배나 급증했으며, 세계 바이오디젤 생산량에서 차지하는 비율이 2019년 17.1%로 미국을 넘어서 EU에 이은 세계 2위로 부상했다. 인도네시아 팜유 산업은 420만 명의 근로자가 고용되어 있고, 관련 산업까지 포함하면 1,200만 명의 고용에 이르는 거대한 산업이다.

인도네시아는 자국 내의 사용 확대를 위해 경유에 바이오디젤유를 혼합하는 비율을 2018년 20%에서 30%(B30)로 높이고 B30의 사용 의무화를 세계 최초로 실시했다. 또 그 비율을 40%로 끌어올리기 위한 B40 노상 주행 시험을 2022년 8월에 개시했다. 혼합비율을 50%로 올리는 목표도 정부 내에서 검토 중이다.

식량의 연료화 문제

지금까지 살펴봤듯이 곡물 등의 농산물로 생산하는 바이오 연료는 에너지 안보와 생산이 과잉된 농산물을 사용하면서 농산물 가격을 지지하고 농가에 새로운 수입원을 창출하는 농업 진흥책으로 확대되었다. 21세기 들어 이산화탄소 배출이 증가하면서 지구 온난화 문제가 심각해지자 온실가스 감축이라는 관점으로 봤을 때 성장 과정에서 이산화탄소를 흡수하는 농산물의 온실가스 감축 효과가 좋은 평가를 받았고, 바이오 연료화의 수요는 EU와 미국을 비롯한 선진국에서 단숨에 화제가 되었다.

순조롭게 보이던 바이오 연료의 최대 과제는 "식량과 경쟁하는 것이 아닌가?"라는 근본적인 의문이다. 실제로 2022년 2월 러시아가 우크라이나를 침공한 뒤 밀의 국제가격이 사상 최고치를 기록하며 동시에 유가도 급등하고 바이오 연료 수요도 높아져 현실적으로 "식량이냐, 연료냐"라는 이율배반적인 문제가 일어났다. 유럽 일부 국가에서는 식량 확보를 위해 바이오 연료의 사용 의무를 완화하려는 움직임이 나타나고 있다.

OECD-FAO의 2021년 데이터에서는 세계 전체에서 연간 약 900만 톤의 밀(생산량의 1.2%), 1억 8,600만 톤의 옥수수(1.0%), 3,200만 톤의 식물 기름(14.8%)이 바이오 연료로 쓰이고 있다도표 4-2, 4-3, 4-4. 그중 밀과 옥수수만 합쳐도 1억 9,500만 톤

도표 4-2 · 전 세계 옥수수 수요에서 차지하는 바이오 연료의 수요

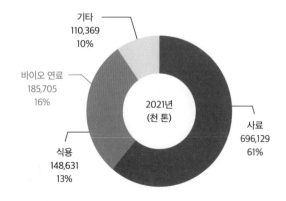

기타
110,369
10%

바이오 연료
185,705
16%

2021년
(천 톤)

사료
696,129
61%

식용
148,631
13%

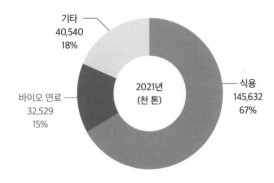

출처: 유엔식량농업기구

으로, 한 사람이 연간 100킬로그램의 곡물을 소비한다고 가정하면 19억 4,500만 명분의 칼로리 소비량에 해당한다. 만약 이 바이오 연료가 인류의 식량이 된다면 우크라이나 위기로 생긴 곡물 급등은 충분히 피했을 것이다. 물론 과잉 생산, 재고 압력으로 곡물 가격이 폭락할 위험도 있다. 인류에게 "식량이냐, 연료냐"라는 논의는 이제 막 시작되었다고 할 수 있다.

러시아의 우크라이나 침공 이후에도 세계에서 바이오 연료를 비판하는 목소리가 커지지 않은 요인은 1장에서 언급했듯이 밀과 같은 곡물의 재고가 풍부했고, 물류의 인위적인 봉쇄나 혼란이 없었다면 웬만해서는 식량 가격이 급등하는 일은 없었을 것이라는 배경이 깔려 있다. 또 세계 인구의 55%를 차지하는 아시아의 주식은 쌀이며, 쌀은 바이오 연료의 원료가 거의 되지 않는다는 사정도 있다. 그렇다고 "식량이냐, 연료냐"라는 논란을 간과해도 되는 것은 아니다. 세계의 수송용 연료 수요는 아시아와 아프리카의 개발도상국에서 자동차가 대중화되면서 꾸준히 증가하고 있고, 세계의 인구도 빠르게 증가하고 있기 때문이다.

OECD-FAO의 예측으로 2030년 전 세계에서 바이오 연료에 사용되는 밀, 옥수수, 식물 기름, 사탕수수가 각각의 생산량 전체에서 차지하는 비율은 밀 1.2%, 옥수수 13.7%, 유채씨·기름야자 등의 식물 기름 13.5%, 사탕수수 22.0%가 된다고 한다. 2017년과 비교하면 보합세이거나 조금 감소한 것이지만, 여전히 연료가 식량을 침식하는 상황은 계속될 것이다. 인류는 어떤 태도로 이 문제를 맞이해야 할까? 결정의 때가 다가왔다.

제5장

기아를 초래하는
강대국의 논리

아프리카 농업을 무너뜨린
미국과 유럽의 곡물 전략

러시아의 우크라이나 침공은 양국뿐 아니라 전 세계에 여러 파문을 일으켰다. 그중에서 생존에 심각한 타격을 입은 곳이 있다. 밀을 비롯한 곡물을 조달하는 데에 위기를 맞이한 아프리카와 중동의 개발도상국이다. 안토니오 구테흐스Antonio Guterres 유엔 사무총장은 이 사태를 인도적 위기로 규정하고, 곡물 수출을 막는 러시아를 맹비난하며, 흑해로부터 안전한 수출로인 곡물 회랑을 개설할 것을 튀르키예 등 주변국에 촉구하며 해결에 나섰다. 이후 사상 최고치를 기록했던 밀과 옥수수 가격은 일단 진정되었지만, 아프리카에서는 심각한 식량위기가 이어지고 있다. 1960년대부터 종종 전해져 온 아프리카 기아가 21세기에도 여전히 이어지는 리스크라는 것을 전 세계가 인식하게 되었다.

아프리카는 아시아를 뒤쫓듯이 경제성장을 시작했지만, 식량 자급과 그 기반에 있는 농업의 재생에는 심각한 과제를 안고 있다. 그 요인에는 아프리카 각국 정부의 정책 실패와 부패, 지구 온난화가 몰고 온 환경 변화가 있다. 하지만 가장 직접적인 문제는 미국이나 EU가 자국 농산물의 수출을 우선시하고, 아프리카를 농산물 소비 시장으로만 보는 자기중심적인 정책을 지속해온 데에 있다. 그것이 현재까지 아프리카의 농업과 식량 자급을 저해해왔다.

이번 장에서는 미국과 유럽의 농업 정책과 그 변천, 드디어 21세기에 들어 본격적으로 자립을 모색하기 시작한 아프리카 농업의 현황과 미래 가능성을 아시아와 비교하며 검증해보고자 한다.

전쟁의 숨은 희생자 아프리카

1장에서 언급했듯이 러시아의 우크라이나 침공으로 아프리카와 중동의 서민들은 '또 다른 전쟁 희생자'로 불리게 되었다. 아프리카와 중동 모두 우크라이나와 러시아로부터 수입하는 밀에 식량을 의존하는 탓에 미국과 유럽이 주도하는 러시아 제재로 곡물 수입이 급감하고 식량 가격이 급등해 물리적으로도 사회적으로도 기아가 증가하고 있기 때문이다. 아프리카 연합

AU의 의장국 세네갈의 마키 살Macky Sall 대통령은 2022년 6월 3일 러시아를 긴급 방문해 우크라이나 전장과도 가까운 흑해 연안 휴양지 소치Sochi에서 푸틴 대통령과 회담하며 아프리카 서민들의 어려움을 호소했다.

반면에 아시아에는 세계 인구의 55%가 몰려 있고, 아프리카와 마찬가지로 방대한 저소득층이 존재하는데, 러시아의 우크라이나 침공으로 식량 가격이 상승했음에도 공급은 안정되어 서민들의 생활에 큰 불안감은 생기지 않았다.

아프리카와 아시아의 차이는 왜 생겼을까? 그 답은 우선 주식의 차이에 있다. 아시아의 주식은 쌀과 밀이지만, 소비량에서 전통적 주식인 쌀이 압도적으로 많다. 반면 아프리카의 주식은 복잡하고 다양하다. 카사바, 타로taro, 얌yam 등의 덩이줄기 채소, 옥수수, 조, 수수 등의 잡곡, 그리고 1980년대 이후 급증한 밀과 쌀 등이 있다. 현재 아프리카의 도시 지역에서는 주로 밀과 쌀, 농촌 지역에서는 덩이줄기 채소나 옥수수, 잡곡을 먹는다. 이렇게 지역에 따라 주식에 큰 차이를 보인다.

아프리카는 밀을 50% 이상 수입할 정도로 밀 생산량이 많지 않다. 이것이 아프리카에서 식량위기가 빈번하게 일어나는 주요 원인이다. 즉, 개발도상국이면서도 식량을 자급자족하지 못하는 취약성을 안고 있는 것이다. 아프리카의 밀 순수입량은 1961년 223만 톤에서 2020년 4,740만 톤으로 21.3배가 증가해 2020년 자국 내 밀 생산량인 2,523만 톤보다 87.9%나 많다. 반면에 쌀의 순수입량은 같은 시기에 17만 톤에서 1,486만 톤으로 무려 85.4배나 증가했으나 쌀의 경우 생산도 함께 확대되어 수입은 생산량의 61.3%에 그쳤다.

아시아는 쌀을 자급자족할 뿐 아니라 다른 지역으로 안정적으로 수출도 하고 있어서 날씨로 인한 흉작 같은 일시적인 요인을 제외하면 쌀값도 안정적인 편이다. 밀이 국제적으로 거래되는 식량인 데에 비해 쌀은 지역에서 생산된 농산물을 지역에서 소비하는 지산지소형 식량으로, 수입에 전면적으로 의존하는 나라가 없다[도표 5-1].

도표 5-1 · 아프리카의 밀 생산량과 순수입량

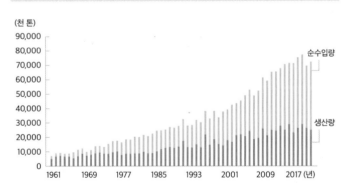

출처: 유엔식량농업기구

식량위기, 이미 시작된 미래

아프리카의 주식

러시아가 우크라이나를 침공한 후 아프리카의 많은 나라가 식량위기를 겪고 있다. 이러한 아프리카의 식량 사정을 크게 좌우한 것은 1960년대 이후 음식과 농업의 역사에서부터다. 세계에서 생산량이 많은 곡물은 밀, 쌀, 옥수수이며 이 곡물이 80억 명이 넘는 세계 인구를 지탱하고 있다.

밀 재배의 기원은 농업을 통해 문명을 키운 '비옥한 초승달 지대Fertile Crescent'라고 한다. 이곳은 페르시아만Persian Gul으로 흘러들어오는 티그리스강, 유프라테스강에서 북서쪽으로 거슬러 올라가 현재의 튀르키예 남부에서 꺾어 지중해를 따라 시리아, 레바논, 이스라엘을 거쳐 이집트에 이르는 동지중해 연안으로 펼쳐지는 초승달 모양의 지역을 말한다. 동지중해 지역에서 재배되기 시작한 밀은 유럽에 보급되었고, 이후 유라시아 전체로 퍼져 나갔다가 대서양을 건너 18세기에 북미에 도달했다. 주목할 만한 것은 동지중해 지역과 육지로 이어지는 아프리카 대륙에는 예외적인 곳을 제외하면 밀이 거의 보급되지 않았다는 점이다.

몬순 기후(계절에 따라 바람의 방향이 바뀌는 계절풍의 영향으로 여름에는 덥고 비가 많이 오고, 겨울에는 춥고 건조한 기후-역주) 때문에 물이 풍족한 아시아에서는 쌀 재배가 확대되었고, 남북 미주 대륙에서는 건조에도 강한 옥수수 재배가 확산되었다. 지구를 크게 내려다보면 아시아는 쌀, 유럽은 밀, 미주는 옥수수라는 대략적인 주식 곡물의 분화와 정착의 진행이 보인다. 반면 아프리카는 건조 지대가 많았고, 식생의 차이로 인해 지역적으로 다종다양한 주식이 선호되어 아프리카 전체가 하나로 묶이지 못했다. 아프리카에서는 오랫동안 카사바, 타로, 얌 등의 덩이줄기 채소, 옥수수, 조, 수수 등의 거친 곡물이 뒤섞이듯이 재배되어 이 곡물들이 지역의 주식으로 정착했다.

우리는 2010년 11월부터 12월까지 동아프리카의 카사바 가공 상황을 조사하기 위해 탄자니아와 모잠비크의 농업지대를 찾았다. 현지인들이 주식으로 먹는 것은 카사바와 말린 옥수숫가루에 뜨거운 물을 넣어 반죽해 떡처럼 만든 것이었다. 탄자니아에서는 덩이줄기 채소나 옥수숫가루로 반죽한 주식을 '우갈리ugali'라고 부른다.

우리에게 낯선 식물인 카사바는 고구마 같은 뿌리줄기 종류다. 섬유질이 풍부하고, 당류 함유량이 적어서 고구마처럼 단맛은 없으나 건강식품이다. 한때 버블티에 타피오카 펄을 넣은 음료가 인기를 끌었었는데, 음료에 넣은 타피오카가 카사바 전분을 둥글게 가공해서 만든 것이다. 옥수수는 우리가 아는 단맛이 많은 스위트콘은 아니다. 세계에서 가장 많이 유통되

식량위기, 이미 시작된 미래

탄자니아의 옛 수도 다르에스살람의 프리마켓.
지면에 카사바를 산더미처럼 쌓아놓았다(2010년, 저자 촬영).

는, 가축의 사료용으로 사용하는 노란색 덴트콘dent corn 과도 다른 것으로, 단단하고 하얀 알갱이의 플린트콘flint corn 이 대부분이다. 이외에 가루 형태로 만들어 먹는 전통 음식으로는 조, 수수 등의 잡곡이 쓰인다.

사실 카사바와 옥수수는 아프리카 토종이 아니라 식민지 시대에 미주 대륙에서 전해져 온 것이다. 카사바는 16세기 노예 무역상과 포르투갈 사람들에 의해 중남미에서 기니Guinea 만을 따라 서아프리카로 전파되어 콩고, 가나, 나이지리아, 카메

룬에 정착했고, 이후 동아프리카의 탄자니아, 모잠비크, 중부 아프리카에도 널리 보급되어 아프리카의 중요한 주식 작물이 되었다. 카사바 자체가 아프리카의 기후와 토양에 맞았을 뿐 아니라 재배가 용이했다는 점도 보급된 이유일 것이다.

카사바는 소금에 삶거나 기름에 튀겨 그대로 먹는 경우도 많은데, 삶은 후에 절구로 부드러워질 때까지 빻은 다음 그것을 경단 모양으로 말아서 반찬과 함께 자주 먹는다. 생으로 두면 쉽게 부패해 건조시켜 가루로 만들어 유통시키는 것이 일반적이다. 앞에서 언급한 탄자니아에서 먹은 우갈리는 이 건조

탄자니아의 대표적인 주식 우갈리(중앙). (2010년, 저자 촬영)

가루로 만든 것이다. 아프리카의 전통 음식 문화는 생각 외로 다양하고 여러모로 공들인 것이 많다. 하지만 이런 다양한 종류의 주식은 현재 아프리카의 대도시에서는 거의 사라졌고, 농촌 지역의 서민들 식탁에서 보이는 광경이 되었다. 도시 지역에서는 밀과 쌀이 가장 대중적인 주식이다.

유엔식량농업기구의 통계에서는 아프리카의 주요 작물 중 신선품인 카사바는 2020년에 1억 9,363만 톤의 생산량으로 1위를 차지해 2위 옥수수의 9,053만 톤보다 2.1배 많다. 3위는 얌 7,317만 톤, 4위는 쌀 3,789만 톤, 5위는 고구마 2,880만 톤, 이어서 수수, 감자, 밀, 조, 타로이며 10종류나 되는 주식 작물이 나열되어 있다. 다만 유엔식량농업기구의 통계에서 카사바나 타로 등의 덩이줄기 채소의 통계 데이터는 신선품이며, 수분 함유량이 많아서 밀, 옥수수 등의 곡물처럼 건조한 상태로 환산하지 않으면 곡물과 직접 생산량을 비교할 수 없다. 2010년 12월에 탄자니아의 농무부에서는 신선품 덩이줄기 채소 4킬로그램이 곡물 1킬로그램에 해당한다고 했다. 참고로 중국에서는 신선품 덩이줄기 채소 5킬로그램을 1킬로그램의 건조 곡물로 환산해 덩이줄기 채소의 함수량은 나라별로 차이가 있다.^{도표 5-2}

이렇게 건조 상태로 환산하여 집계하면 옥수수가 아프리

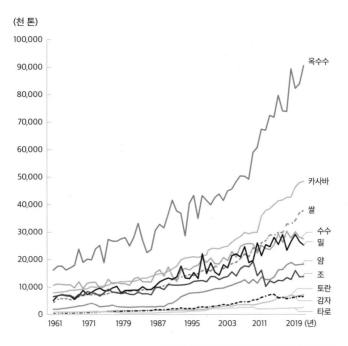

(천 톤)

옥수수

카사바

쌀

수수
밀
얌
조
토란
감자
타로

1961 1971 1979 1987 1995 2003 2011 2019 (년)

㈜ 쌀은 벼(겉겨가 붙어 있는)를 기준으로 한 생산량
4킬로그램 신선품 덩이줄기 채소=1킬로그램 건조 덩이줄기 채소로 환산

출처: 유엔식량농업기구

카의 최대 주식 작물이 되어 10종류의 주식 작물의 합계 생산
량에서 차지하는 비율이 2020년에 32.6%로 주식의 약 3분의
1을 차지한다. 옥수수 비율은 1961년에는 29.5%였지만, 이후

꾸준히 상승해 주식의 중심적인 존재가 되었다. 2위는 카사바로 같은 기간에 14.4%에서 17.4%로 3.0% 증가했다. 특징적인 것은 3위를 차지한 쌀이다. 1961년에는 7.9%로 한 자릿수였지만, 21세기 들어 급상승해 13.6%가 되었다. 증가분이 5.8%로 가장 커서 아시아의 주식인 쌀이 아프리카에서 선호도가 높아졌음을 알 수 있다. 반대로 수수는 주식의 자리에서 밀려나 19.6%에서 9.9%로 거의 반 정도 감소했으며, 조도 12.1%에서 5.0%로 절반 이하까지 하락했다.

아프리카 농촌과 도시 식생활의 양극화

아프리카에서는 농촌과 도시의 식생활에 양극화가 진행되고 있다. 농촌에서는 카사바, 옥수수, 수수, 조 등 전통적인 작물을 자급자족으로 소비하는 반면 도시에서는 편의성을 중시함에 따라 식생활의 서양화가 급속히 진행되면서 서민들이 수입 밀과 쌀을 선호하고 있다. 수입 곡물은 과거에는 미국과 유럽에서, 최근에는 러시아와 우크라이나에서 주로 수입하고 있다. 아프리카의 농촌과 도시는 경제구조와 서민 의식이 분화되면서 식생활의 이중구조가 가속화되고 있다.

  여담이지만 모잠비크와 탄자니아를 방문했을 때 카사바가 거의 주식처럼 국내에서 대량 생산되는데도 탄자니아의 옛 수도인 다르에스살람Dar es Salaam(법률상의 수도는 도도마Dodoma)을 비롯한 도시 지역에서는 식당에 카사바를 이용한 음식 메뉴가 드물었고, 식료품점에서도 신선품 카사바를 거의 판매하지 않았다. 생 카사바는 저소득층이 다니는 스트리트 마켓에 가야 볼 수 있었다. 식생활의 이중구조는 도시와 농촌뿐 아니라 대도시 내부에서도 진행되고 있었다. 현지인들에게 이야기를 들어 보니 최근에는 다소 변화하고 있지만, 카사바는 가난한 자의 음식이라는 인식이 도시 주민들 속에 여전히 남아 있다고 했다.

다르에스살람과 모잠비크의 수도 마푸토Maputo 등의 대도시에서는 모두 항만시설 인근에 수입 밀을 보관하기 위한 대규모 창고가 건설되고 있는 것을 확인할 수 있다. 만약 국내 농촌 지역에서 쌀, 옥수수를 조달하려면 농촌 지역에 곡물의 집하, 보관, 가공 등의 시설이나 수송용 도로 등의 인프라를 정비해야 하지만, 아프리카의 각국에는 그런 재정자금이 부족하다.

현실은 내륙의 농촌에서 소량의 수확량을 한데 모아 도시로 수송하는 것보다 대형 선박으로 외국에서 수입하는 편이 도시 입장에서 적은 비용이 든다는 개발도상국만의 역설이 존재한다. 비유하자면 전후 일본이 임해 공업지대에 수입 원료를 사용하는 거대한 용광로나 석유화학 설비를 건설해 원료 입지 자원국의 설비보다 비용 경쟁력을 얻었던 경우에 가깝다. 자원

산지 가까이에 자리한 공장의 경우 값비싼 내륙 수송비용을 부담해야 하는 문제에 시달리는데, 아프리카 농촌의 농산물도 같은 사정이라고 할 수 있다.

실제로 2010년 탄자니아를 방문해 다르에스살람에서 수십 킬로미터밖에 떨어지지 않은 농촌 지역에 갔는데, 대도시 근교인데도 도로가 좁고 비포장이었다. 게다가 흙이 드러난 도로는 우기가 되면 통행이 금지된다. 이런 상태로는 도시와 농촌 사이에 농산물의 안정적인 물류를 기대하기 어렵다. 이렇게 아프리카에는 농촌의 곡물을 자국 내의 도시 지역에서 소비할 수 없다는 문제가 존재한다. 식량의 대부분을 해외에 의존하는 상황은 자국 내의 유통망이 정비되지 않고 비용이 높은 상태를 반영한 것이기도 하다.

아프리카의 도시 인구는 1961년에 전체 인구의 19.1%에 해당하는 5,540만 명이었지만, 약 반세기 후인 2018년에는 10배 가까운 5억 4,760만 명에 달했다. 연평균 4.1%의 높은 성장세를 보이고 있다. 2018년의 도시화율은 42.9%로 아시아의 49.7%에 육박하고 있다. 이런 도시화율의 급격한 상승을 뒷받침한 것이 바로 수입 곡물이다.

같은 시기의 밀 수입량은 230만 톤에서 4,848만 톤으로 연평균 5.5%의 성장률로 도시화율 성장을 넘어섰다. 수입 밀을

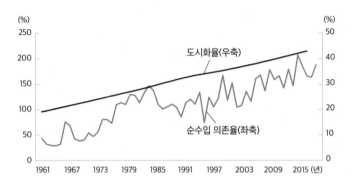

출처: 유엔식량농업기구

도시 지역 인구로 나누면 1인당 연간 수입 밀의 양은 1961년 41.6킬로에서 2018년 88.5킬로로 2배 증가했다. 참고로 같은 시기에 아프리카의 밀 생산량은 512만 톤에서 2,913만 톤으로 연평균 3.1%의 성장률을 보여 수입 증가율을 밑돌고 있다. 2018년만 보면 밀 수입량은 밀의 국내 생산량을 66.4%나 웃돌고 있다^{도표 5-3}.

아프리카는 밀만이 아니라 쌀과 옥수수 수입도 늘려왔다. 밀, 쌀, 옥수수를 합친 곡물 전체의 수입량은 1961년 364만 톤에서 2018년 8,806만 톤으로 24.2배 증가했고, 연평균으로는 5.7%의 높은 성장률을 기록하고 있다. 다시 말해 아프리카의 도시 지역 인구가 증가하면서 따라온 곡물의 신규 수요 증가분은 아프리카 농가의 생산이 아니라 대부분 수입에 의해 조달된 것이다. 아프리카에서는 자국 내의 농민을 보호하고, 국산 주식 작물을 우선시하는 정책을 찾아보기 어렵다. 아프리카의 도시 성장은 아프리카 농민이 아니라 미국과 유럽, 우크라이나와 러시아 농민을 윤택하게 한 셈이다.

전후 일본을 돌이켜보면 고도 성장기에는 농업의 생산성이 광공업과 병행해서 높아지고, 농촌에서 도시로 노동력이 공급되어 공업 부문이 성장하며, 농촌에서는 과잉인구가 해소되어 1인당 경작 면적의 확대와 쌀의 정부 수매(식량관리제도)로 농민소득이 향상되는 상승효과가 나타났다. 개발도상국의 발전 단계에서 농업의 생산성 향상이 필수적이라는 것은 현재의 선진국들이 증명하고 있다.

곡물 증산보다 수입을 선택한 아프리카

아프리카의 많은 나라가 곡물 증산을 통해 식량을 자급자족하는 정책을 채택하지 않은 것에 대해서는 다양한 분석이 있지만, 다음 세 가지를 유력한 이유로 들 수 있다.

첫째, 국민국가의 기반이 취약하다는 점이다. 식민지 지배의 잔재로 민족 집단의 분포와 국경이 일치하지 않게 되어 부족 간 세력 다툼이 빈번하고, 정치적 불안정이 지속되었다. 많은 나라의 대립은 내전으로 발전했고, 농업지대도 전쟁터로 변해 농민들이 자국 내에서 피난민이 되어 농업에 종사할 수 없었다. 결과적으로 전반적인 경제성장도 크게 둔화되었다.

둘째, 식민지 시대의 경제구조가 가져온 후유증이다. 식민지 시대에는 종주국 기업들이 면화, 커피, 코코아 등 부가가치가 높고 선진국 시장에 수출하기 좋은 상업 작물을 생산하는데에 집중해서 자국 내의 대규모 농원들은 대부분 착취적인 플랜테이션plantation 농업(선진국의 자본과 기술, 그리고 원주민의 값싼 노동력이 결합한 농업 방식-역주)이었으며, 그 구조는 독립 후에도 계속되었다. 영국, 프랑스, 독일 등 옛 종주국들은 아프리카 국가에 곡물 중심의 자급자족형 농업을 정착시키지 않고, 자기 이익을 위한 수출용 상업 작물의 농원만 남겼다. 1980년대 이후 세계은행 등에 따른 구조개혁도 국제수지 개선에만 주목해 수출용 작물 재배가 장려되었고 식량의 자급자족에는 관심을 기울이지 않았다.

이에 비해 아시아 식민지들은 전혀 다른 길을 걸었다. 인도는 오랫동안 영국의 식민지가 되면서 면화, 차, 설탕 등의 플랜테이션 농업을 영위하며 유럽 시장에 수출하고 있었다. 원래 찻잎을 산출하지 않는 영국에서 서민들까지 홍차를 좋아하게 된 것은 식민지주의의 관습인 동시에 인도인들의 저임금 노동을 통한 찻잎 수확이 뒷받침되었다고 해도 될 것이다.

하지만 이후 인도 농업은 인도 민족운동의 지도자 마하트마 간디Mahatma Gandhi의 국산 애용 사상과 함께 식량의 자급자족으로 크게 방향을 틀었다. 아프리카와 달리 곡물 생산을 중시하는 길을 걸었던 것이다. 그 이유에 대한 정치적 분석도 많다. 전형적인 설은 인도가 영국 식민지가 되기 전에 마하라자(인도 문화권에서 사용되는 군주 호칭-역주) 등 각지에 토후국(영국의 지배하에 있던 나라-역주)의 왕족이 땅을 지켰던 시기나 무굴Mughal 제국 등 통일왕조로 국가가 확립되어 있던 것이 독립 후 국민국가로 원활하게 이행되었다는 것이다.

또한 식민지 시대에 우수한 관료와 행정 기구, 법체계가 형성되어 독립 후 그대로 통치 기관으로 기능한 일도 있다. 덧붙이자면 간디, 자와할랄 네루Jawaharlal Nehru 등 이념과 카리스마 있는 정치인의 존재도 크게 작용했다. 안타깝게도 인도가 갖고 있던 정치 시스템이나 인적 자원이 아프리카에는 거의 없었다.

셋째, 아프리카 국가들의 정권 기반이 주로 도시 지역에 있으며, 정책이 도시에 편중되어 있다는 점이다. 아프리카는 독립 후 국가 중 상당수가 집권당의 기반을 강화하기 위해 공업화를 통해 성장하고 인구가 밀집하기 시작한 도시 지역의 건설에 정책의 중점을 두고, 그 대가로 농업 부문을 경시하거나 수탈적인 정책을 취했다. 미국의 정치학자 로버트 베이츠Robert Bates는 이에 대해 경제적으로 비합리적이었지만, 정치적으로는 합리적이었다고 지적했다.

아프리카가 러시아와 우크라이나의 밀을 대량으로 수입하게 된 것은 2010년대 중반부터로 10년이 채 되지 않는다. 아프리카는 반세기 전인 1960년대부터 이미 밀 수입을 늘려왔는데, 그때의 수입처는 앞에서 서술했듯이 처음에는 주로 미국에서, 이후에는 EU가 가세했다. 아프리카의 밀 수입이 확대된 역사는 수수, 조 등 아프리카의 전통적인 주식 곡류의 축소와 함께 다양한 주식이 쇠퇴해온 역사 그 자체이며, 미국과 EU가 과잉 생산한 밀이 아프리카로 덤핑 수출된 역사이기도 하다.

원조 의존증과 낮은 수입 비용

왜 아프리카 국가들은 자국 농민의 보호와 농업 발전, 식량 안보를 목표로 삼지 않았을까? 중국이나 인도와 비교했을 때 아프리카 국가들이 농업 강화, 식량 증산을 경시한 배경에는 외국에서 재정 지원이나 식량원조가 있고, 동시에 주식 곡물을 저가격에 안정적으로 수입할 수 있었던 요인이 있다. 게다가 중국, 인도 등의 아시아 나라들은 많은 인구를 등에 지고 항상 식량위기의 공포에 시달려 식량의 자급자족을 해야 한다는 위기감이 있었지만, 아프리카 국가들의 정부에게는 그런 위기감이 희미했다고도 할 수 있다.

1960년 '아프리카의 해'를 전 세계가 축복했듯이 선진국들은 동기가 무엇이었든 식민지 독립과 민족자결을 지원했고, 아프리카는 국제 사회로부터 거액의 원조금을 받았다. 예를 들어 1985~1995년 10년간 GDP 비율로 20%를 넘는 정부개발원조ODA 자금을 받은 나라는 아프리카의 3분의 1에 해당하는 17개국이나 된다. 원조금이 재정수입의 기둥이 되면서 정치인과 정부 직원들은 안정적인 경제적 지위를 확립할 수 있었기 때문에 이들은 농업을 진흥시켜 농민의 성과 수준을 향상하고 세수 증가에 따라 자국의 경제가 발전하는 데에 큰 관심이 없었던 측면이 있다.

아프리카의 많은 나라에서 고위 관료는 미국이나 유럽의 대학에서 석박사 학위를 받고, 유엔기구에서 일했던 사람이 적지 않다. 농촌의 실태나 농민의 생활을 파악하기보다 유엔기구나 선진국의 원조 조직과의 소통이 우선시되고, 그런 능력이 뛰어난 관료들이 승진해서 국가의 정책을 결정한다는 점에 구조적인 과제가 있어 보인다. 한국, 일본, 중국, 말레이시아 등 개발도상국에서 발전한 아시아 국가들의 정치인이나 관료가 가졌던 자립과 자주를 목표로 하는 동기 부여는 아프리카에 희박할지도 모른다.

자금뿐 아니라 아프리카에 원조하는 곡물도 대량의 현물이다. 유엔식량농업기구의 아프리카 원조 곡물에 관한 데이터는 1970년부터 존재하지만, 그 해에 이미 174만 톤이 원조되어 같은 해 아프리카 곡물 수입량의 26.7%를 차지했다. 원조 곡물은 계속 증가해 1984년에는 765만 톤, 1992년에는 665만 톤 등 높은 수준을 보였다. 이후 원조 곡물 자체는 감소세로 돌아섰지만, 아프리카 국가들은 자주적으로 수입을 급증시켰다.

아프리카의 곡물 수입이 꾸준히 증가한 것은 1970년대 이후 2008년 등의 예외적인 해를 제외하면 국제 곡물 가격이 거의 일관되게 저렴했기 때문이다. 자국 내의 생산과 유통 비용을 밑돌고 있었다. 미국과 EU의 밀 수출 가격이 얼마나 낮았는지는 아프리카 국가들의 밀 수입 가격과 생산자 가격을 비교하면 분명히 드러난다.

1991년 아프리카 수입 밀의 평균 가격은 톤당 119달러였다. 반면 자국 내 밀 생산자 가격은 이집트 159달러, 나이지리아 539달러, 모로코 270달러, 알제리 292달러, 남아프리카 225달러로 모두 수입 가격보다 훨씬 높다. 1990년대에 아프리카의 많은 나라는 국제통화기금IMF의 구조개혁을 실행해 각국의 통화가 크게 평가 절하되고 수입품 가격은 상승했음에도 수입 밀 가격은 기본적으로 생산자 가격을 계속 밑돌았다.

또한 아프리카 각국이 곡물 수입 관세를 낮게 유지한 것도 아프리카의 밀 수입을 부추겼다. 1980년대 세계은행과 IMF는 아프리카 각국에 채무를 해소하는 조치로 신자유주의적 경제 개혁을 강력히 요구하고, 시장개방도 추진했다. 아프리카 국가에 유리한 조건으로 공적 융자를 제공하는 대신 곡물 등의 실행세율(같은 물품에 대해 복수의 세율이 있을 때 실제로 적용하는 세율-역주)을 GATT(관세 및 무역에 관한 일반협정, 현재는 WTO)의 양허세율(특정 국가나 국제기구와 협상해서 정한 세율-역주)보다 크게 낮은 수준으로 인하한 것이다. 영세 농민이 대부분이고, 화학 비료와 농약도 부족한 좁은 농지에서 곡물을 계속 재배하는 아프리카에 선진국보다 낮은 관세율을 강요한 것이다. 이런 상황에서 아프리카 농업과 농민이 살아남는 것은 어려운 일이었다.

본래 곡물 생산에서 유럽과 미국의 선진국은 경쟁력이 높고, 아프리카나 아시아의 소농은 비용적으로 전혀 대항할 수 없는 상황이다. 유럽과 미국 농가는 경작 면적이 넓고, 개발도상국의 영세 농민에 비해 규모의 경제가 작용할 뿐 아니라 우량 품종과 선진 재배 기술, 게다가 거액의 농업보조금도 주어지기 때문이다. 미국은 1950년대부터, 유럽은 1970년대 후반부터 이미 구조적인 곡물 공급의 과잉 상태에 빠졌고, 그로 인해 세계 곡물 가격은 장기간 침체되었다.

미국과 유럽은 잉여 곡물을 해결할 방책을 국가 주권이 강한 아시아 국가들보다 정부가 약하고 농민들에게 정치적 파워도 없는 아프리카에 요구했다. 서구 국가들은 아프리카 국가들을 잉여 곡물 배출구로 여겼던 것이다. 이것이 '자유무역'의 거짓 없는 실태다.

미국과 유럽 곡물의 저가 수출 구조

그렇다면 어떻게 미국과 유럽은 곡물의 저가 수출을 수십 년간 계속할 수 있었을까? 그 요인은 선진국에서 내정상 중시해온 보조금 농업 정책에 있다. 선진국의 선거에서 농민의 표는 정권의 귀추를 결정짓는 중요한 그룹이며, 각국에서 정치적으로 조직화되어 압력 단체로 기능해왔다.

특히 미국과 프랑스에서는 농민 표가 보수의 기반이며, 농산물 수출 촉진을 위한 자유무역의 확대를 주장함과 동시에 자국 내 농업을 보호하기 위해 정부에 보조금을 요구해왔다. 보조금 농업 정책을 바탕으로 서구 국가들은 1960년대 전후 이미 곡물 공급이 과잉되는 상태에 빠졌고, 그로 인해 세계 곡물 가격은 반세기 이상 실질적으로 상승하지 못하고 낮은 가격이 지속되었다. 그동안 곡물 시황이 급등한 것은 1973년, 2008년, 2011년, 2012년 등 한정된 해뿐이다.

1960년대 후반 이후 미국과 EU 국가의 농업 정책에서 가장 큰 과제로 꼽힌 것은 잉여 농산물을 처리하는 문제였다. 가장 효과적인 수단은 보조금을 붙여 싼값에 수출하는 방법이었는데, 유럽에서 거리도 가깝고 옛 식민지라는 연결고리도 있는 아프리카가 최대 수출처가 되었다. 곡물 수출은 21세기까지 이어진 식민주의의 망령일지도 모른다. 여기서 아프리카를 저가 곡물 수출처로 삼은 미국과 EU의 농업 정책 구조와 그 문제를 분석하고자 한다.

이야기는 제2차 세계대전이 한창 진행 중일 때까지 거슬러 올라간다. 나치 독일의 침공으로 네덜란드, 벨기에, 프랑스 등의 곡창지대는 전쟁터가 되었고, 영국도 전원지대가 폭격과 로켓 공격의 대상이 되었다. 이에 젊은 농민들이 징병되면서 곡물 생산은 급감했다. 전쟁터가 되지 않았던 미국은 농업 투자를 확대하고, 식량을 대폭 증산해 유럽의 수요에 부응했다.

전후 미국이 추진한 마셜플랜Marshall Plan(미국이 서유럽 16개 나라에 실시한 유럽 부흥 계획-역주)에 의해 유럽 경제는 회복되었고, 그에 따라 유럽의 밀 등의 식량 생산도 순조롭게 회복되었다. 1960년대에 이르러 유럽 내에서 밀 등의 곡물은 거의 자급할 수 있을 정도가 되었고, 자연스럽게 미국에서 수입하는 양은 감소했다. 유럽 최대의 밀 생산국인 프랑스는 1950년대에 이미 공급이 과잉되어 밀 수출을 재개하고 있었다.

유럽의 밀 수출에 관해서는 1962년에 유럽 경제 공동체가 도입한 '공동농업정책'을 빼놓을 수 없다. 제2차 세계대전 이후 유럽은 전쟁 반대라는 이상과 안보를 위해 유럽의 통합을 꾀했다. 1952년 유럽 석탄 철강 공동체ECSC의 설립으로 시작해 1957년에 유럽 원자력 공동체EAEC와 유럽 경제 공동체EEC가 뒤를 이었다.

1957년에 유럽 원자력 공동체와 유럽 경제 공동체를 설립하는 로마 조약이 조인되었고, 그 안에서 공동농업정책의 기본적인 목적과 방향성이 규정되었다. 목적은 '역내 농업의 생산성 향상을 통한 식량 자급체제의 확립과 농가의 수입 증대'이며, 그 목적을 달성하기 위해 '① 역내 단일 시장과 공통 가격, ② 역내 생산품 우선, ③ 공통 재정'이라는 공동농업정책의 세 가지 원칙이 정해졌다. 공동농업정책은 유럽 공동체의 첫 공동 정책이며, 1980년대 말까지 유럽 경제 공동체의 유일한 공동 정책이기도 해서 유럽을 통합한 골격이라고 칭해져 왔다.

공동농업정책은 1980년대 말까지 기본적으로 역내 농산물의 보증 가격을 토대로 농가에 가격 지지를 제공하고, 역외

의 수입에는 과징금을 부과하며, 역내의 수출에는 수출 보조금
을 제공하는 전형적인 농민 보호 정책이었다. 문제는 밀과 같
은 농산물의 보증 가격이 회원국의 시장 가격 상한선에 가깝
게 책정되었다는 점이다. 높은 지지 가격은 생산 농가에 강한
생산 자극을 주었고, 농산물 생산이 증가하면서 유럽 경제 공
동체 전역은 1970년대 말부터 잉여 농산물을 처리하는 문제에
직면하게 되었다.

사실 공동농업정책의 형성 과정에 있었던 1958년에는 유
럽 경제 공동체의 첫해 활동을 보고하는 〈유럽 경제 공동체 백
서〉에 공동농업정책에 관해 "나중에는 과잉 생산으로 잉여 농
산물의 처리가 곤란해질 것이다"라고 이미 예견되어 있었다.
그 우려는 결국 현실이 되었다.

밀 수출의 가격 인하 경쟁

결국 잉여 농산물을 처리하기 위해 유럽 경제 공동체는 보조금
을 붙여 수출을 늘리는 전략을 택했다. 유럽 경제 공동체의 보
조금이 붙은 밀 수출은 그때까지 밀의 세계무역에서 높은 시장
점유율을 차지했던 미국이나 호주에게서 점유율을 빼앗았다.
이에 미국과 호주는 유럽 경제 공동체의 수출정책이 농산물 가
격을 부당하게 떨어뜨리고, 국제 농산물 시장의 가격 형성을

왜곡했다며 강하게 비판했다. 유럽 경제 공동체와 마찬가지로 곡물의 과잉 생산으로 농산물 불황에 시달리던 미국은 이에 대한 대항 조치로 밀 수출에 보조금을 주기 시작했다.

1950년대 유럽은 전후 농업이 순조롭게 부흥한 덕분에 미국으로부터 농산물을 덜 수입하게 되었다. 그 결과 잉여 농산물 처리 문제는 미국의 골칫거리가 되었다. 해결책을 찾기 위해 미국 정부는 1954년에 농산물 무역 촉진 원조법(일명 PL480, 공법 480호)을 제정해 식량을 원조하는 형태로 잉여 농산물을 처리하도록 했다. 이후 PL480은 1966년에 평화를 위한 식량법으로 개칭되어 식량문제에 직면한 개발도상국에 식량을 원조하는 데 목적을 두게 되었다. 이어 1967년에는 선진국들이 분담해 잉여 밀을 사들여 개발도상국에 원조하는 식량원조규약FAC이 통과되었다.

앞에서 언급했듯이 유럽이 부흥하면서 1970년대가 되자 미국에서 유럽으로 밀을 수출하지 못하게 되었을 뿐 아니라 유럽도 농산물의 공급 과잉으로 미국과 수출 시장에서 경쟁하기 시작했다. 미국은 농가의 가격과 소득을 지지하는 정책을 펼치고 있는데, 이는 실질적으로 수출 보조금 정책이기도 하다.

1980년대가 되자 미국과 유럽 경제 공동체는 보조금을 사용한 밀 등의 가격 인하 경쟁을 벌여 '미국과 유럽의 밀 전쟁'

으로 불렸다. 미국과 유럽은 생산비용을 밑도는 가격 수준으로 밀을 계속 수출했는데, 주요 수출처는 아프리카였다. 유럽 경제 공동체와 미국의 농산물 수출 가격 인하 경쟁은 이후 무역자유화를 촉구하는 GATT 우루과이라운드(1986~1994년)를 무대로 한 미국과 유럽의 치열한 충돌로 이어졌고, 유럽은 무역 측면만이 아니라 외교까지 포함해 미국과 전면 대립했다.

한편 유럽 각국에서도 밀 전쟁에 대한 강경한 의견이 나오기 시작했다. 농산물 수출보조금은 1980년대 초반 단계에서 공동농업정책 예산의 40% 이상을 차지하게 되었고, 공동농업정책의 예산 자체가 유럽 경제 공동체 재정의 70% 이상을 차지하는 등 유럽에서 더 이상 간과할 수 없는 심각한 재정 부담이 되었기 때문이다. 당시 유럽에서는 1978~1979년 제2차 석유위기 이후 장기불황이 이어지면서 각국에서 실업률이 상승했고 이에 따라 농업 예산의 방만한 팽창에 대해 소비자와 산업계에서 거센 비판을 받았다.

그리고 아프리카 농업은 수출 보조금이 붙은 저가 밀에 의해 심각한 타격을 입게 되었다. 자국 농민을 우선하는 서구의 이기적인 농산물 수출 전략은 아프리카 농업 기반과 식량 자급 체제를 약화시켰고, 2022년 러시아의 우크라이나 침공을 계기로 식량위기까지 초래했다.

과잉 생산을 바로잡기 위한 공동농업정책의 개혁

이런 상황에서 유럽 경제 공동체는 높은 수준의 농산물 가격 지지와 수출 보조금을 재검토하기 시작했고, 1992년에 가격 지지 수준의 인하, 휴경을 수반하는 직불제 도입이라는 두 가지 정책을 중심으로 개혁을 단행했다. 이는 맥셔리Ray MacSharry 개혁안이라고 한다. 가격 지지로 농산물의 생산을 자극해 식량 안보를 강화하는 EU의 근대 농정의 중심적인 정책을 본격적으로 다듬기 시작해 공동농업정책은 커다란 재검토 과정에 들어갔다. 수출 보조금 삭감도 이때 시작되었다.

맥셔리 개혁안에서는 농가의 소득 유지 방법을 가격 지지에서 직불제로 전환했지만, 직불액이 (과거의) 생산 실적과 연계되었기 때문에 여전히 생산 증대의 의욕을 자극해서 높은 수준의 밀 수출이 이어졌다. 2001년에 열린 세계무역기구(GATT 우루과이 라운드에서 합의를 통해 GATT를 발전 해소시켜 설립한 기관)의 도하 라운드(도하개발어젠다)에서 EU(1993년에 유럽 경제 공동체로부터 확대 개편되어 EU가 됨)의 생산 실적과 연계된 직불제는 '무역 왜곡'이라고 미국과 케언스 그룹Cairns Group (브라질, 오스트레일리아, 캐나다 등 19개국으로 구성된 농산물 수출국 그룹)으로부터 비판을 받았다.

EU는 2003년에 생산이나 수출을 더욱 자극하지 않도록 생산에서 분리된(디커플링decoupling: 탈동조화) 직불제로 공동농업

정책을 다시 개혁했다. 2003년 개혁에서는 공동농업정책에서 '제1의 기둥(필러)'이라고 불리는 직불제 중심의 '시장·소득' 부분을 삭감하고, '제2의 기둥'이라고 불리는 '환경·국토 보전'을 중심으로 농촌 개발을 더 중시하는 방향성이 제시되었다.

공동농업정책의 개혁은 재정적으로 효과를 냈다. 농산물 수출 보조금은 1980년에는 공동농업정책 재정의 46.2%를 차지하고 있었는데, 1991년에는 절대액은 증가했지만, 재정에서 차지하는 비율이 30%로 떨어졌다. 1994년부터는 금액 기준으로도 감소세로 돌아서서 2003년에는 37억 유로까지 감소했고, 공동농업정책의 재정에서 차지하는 비율은 7.9%, 2008년에는 11억 유로로 2.1%가 되었다. EU 예산 전체에서 농업이 차지하는 비율도 1992년 59.6%에서 2008년에는 41.5%, 2014~2020년 기간에는 평균 36.0% 정도로 떨어졌다. 공동농업정책을 개혁하기 전 1980년에는 농업 예산이 EU 예산 전체에서 72.2%를 차지했던 것을 생각하면, EU는 농업 보조금의 굴레에서 해방되었다고 해도 될 것이다.

앞에서 언급했듯이 EU의 수출 보조금은 1994년 이후 급속히 줄어들어 2008년에는 대부분 삭감되었다. 이로써 EU의 밀 수출 경쟁력이 크게 떨어져 역외로 수출하는 밀의 양은 EU27 기준(회원 27개국)으로 1984년 이후 2,000만 톤대에서 2000년 이후 1,000만 톤대로 줄었다. 다만 시점을 달리하면 수출 보조금이 거의 삭감되었는데도 1,000만 톤대의 수출이 유지된 셈이라서 EU에서 생산되는 밀은 역외의 수출에 강력한 추진력이 걸려 있다고 볼 수 있다. EU에서 밀의 과잉 생산이 계속되고 있어 농가가 소득을 얻으려면 역내에서 팔리지 않는 잉여 밀을 원가 이하로 수출해야 하는 사정이 있었다.

　EU의 또 다른 사정은 러시아의 우크라이나 침공과도 관련된 동유럽의 확대에 있다. 2004년 헝가리나 폴란드 등의 동유럽 국가들이 EU에 가입했고, 2007년에는 루마니아와 불가리아도 합류했다. 이들 동유럽 국가는 원래 밀 생산량이 많고, 생산비용도 낮아서 확대된 EU27 기준으로 역외의 밀 수출량이 2008년 이후 다시 2,000만 톤대, 2014년부터는 3,000만 톤대로 역행하듯이 증가했다. 만일 우크라이나가 EU에 가입하면 EU의 밀 수출량은 수치상으로 더욱 늘어나 무역 분쟁의 불씨가 될 우려도 있다.

아시아의 경험을 아프리카에

아프리카는 2022년 식량위기에 직면하면서 다시금 주식 곡물의 증산과 자급자족의 필요성을 인식하게 되었다. 농촌의 빈곤을 줄이고 진정한 경제 발전으로 가는 왕도이기 때문이다. 아시아의 경험이 그것을 증명하고 있다. 아시아는 어떻게 곡물의 자급자족에 성공해 농촌의 빈곤을 줄이고, 도시 지역을 견인차로 하는 경제 발전의 길을 갈 수 있었을까?

한국, 일본, 대만 등의 선진국을 제외한 대부분의 아시아 국가들은 늘어나는 거대한 인구, 특히 도시 주민들에게 곡물을 공급할 수밖에 없었다. 아프리카에서는 도시 인구가 증가했다고는 하지만, 2000년에 3억 명 미만으로 아시아의 20%에 그쳤다. 2000년 곡물 수입량도 약 4,100만 톤 선이다. 반면에 같은 해 아시아는 곡물 자급률이 90%로 높은데도 수입량이 약 1억 1,000만 톤 수준에 이르고 있다.

아시아의 인구, 특히 중국과 인도의 인구는 너무 거대해 이두 나라는 곡물 증산을 최우선의 국내 정책으로 삼아야 했다. 아시아는 경작 면적을 확대할 남은 땅도 별로 없는 가운데 단수를 증가시킬 필요가 있어 다양한 정책을 추진했다. 6장에서 다루는 '녹색혁명'이 그 핵심이었고, 지금 세계의 관심을 끄는 화학 비료는 혁명을 이끄는 힘이 되었다.

아시아의 경제 발전은 곡물 생산을 늘려 주식의 자급 체제를 확립한 것과 관련되어 있다. 아프리카도 곡물 등의 식량 생산을 늘리지 않는다면 빈곤에서 탈출해 진정한 경제 발전을 이루기 어려울 것이다. 아프리카 경제는 21세기 들어 세계적으로 에너지와 광물자원의 가격이 상승하면서 성장 궤도에 올랐다. 곡물 등의 농업 생산성을 높이기 위해 2003년 아프리카 연합은 아프리카 각국의 국가 예산에서 10%를 농업 부문에 투입하겠다고 공약한 마푸토 선언Maputo Declaration 을 공표했다.

세계은행의 데이터에 따르면 영양 상태가 불량한 인구가 가장 많은 사하라 이남의 아프리카의 영양 결핍 인구율은 2000년의 27.6%에서 2015년의 18.1%로 크게 하락하며 농업 투자를 확대한 효과가 나타났다. 이것은 같은 기간 아프리카의 곡물 생산량이 66.9% 증가해서 같은 시기 인구 증가율 45.8%를 크게 넘어선 것과 관련 있다.

다만 개선되었다고 해도 여전히 영양 결핍 인구 비율은 세계에서 가장 높다. 또한 석유 등의 자원 가격이 2015~2017년, 2020년에 하락했고, 팬데믹의 영향까지 가세한 탓에 아프리카 경제는 정체하는 경향을 보이고 있다. 사하라 이남 지역의 영양 결핍 인구율은 2016년부터 다시 상승세를 보이고 있으며, 2019년에 20.3%까지 상승했다. 아프리카의 곡물 순수입액은 2015년 208억 달러, 2020년 239억 달러로 여전히 높은 수준이며, 귀중한 외화를 도시 인구의 음식을 위해 소비하고 있다. 아시아처럼 외화를 국내 인프라 정비와 공업화, 교육에 투자할 수 있다면 경제 발전의 기회는 많아질 것이다.

한편 아프리카의 생산 연령 인구 중 약 60%는 농업에 종사하고 있다. 도시 지역의 곡물 수요를 수입에서 농가로 전환하는 것은 무역 균형 개선, 농가 수입 증가, 도시와의 격차 축소, 사회 안정과 직결된다. 아프리카가 빈곤을 해소하고 지속적으로 성장하려면 식량 자급률을 높이는 농업 정책이 우선 과제다. 그것을 실현하려면 품종을 개량하거나 농업 기술을 보급하고, 관개, 저장, 수송 등의 인프라를 정비해야 한다.

6장에서 자세히 설명하겠지만 아프리카의 곡물 단수, 관개 면적, 단위 면적당 화학 비료 사용량은 전부 아시아에 비해 크게 낮다. 그 부분의 투자를 늘리면 확실히 곡물 생산량을 증가시킬 수 있을 것이다. 그것이 아시아가 걸어온 길이기도 하다. 아시아의 경험을 바탕으로 아프리카 전체의 곡물 단수가 아시아의 평균 수준이 되면 아프리카는 미래의 식량 부족 우려를 불식시킬 수 있을 것이다.

문제는 이를 위한 투자를 어떻게 확보하느냐다. 2003년 마푸토 선언에서 농업 분야에 국가 예산을 10% 충당하겠다고 한 공약은 대부분의 국가가 달성하지 못했다고 유엔식량농업기구와 아프리카 개발은행 등이 지적했다. 또 아프리카의 생태환경에 맞춰 가뭄에 강한 카사바 등의 덩이줄기 채소, 수수, 조 등 다양한 식량도 증산할 필요가 있다.

자유무역주의에 기초한 시장 개방 정책도 재검토할 필요가 있다. 곡물의 수입 관세를 현행 수준으로 유지해서는 아프리카 농민들이 아무리 노력해도 서구에서 오는 수입 곡물에 대항할 수 있는 경쟁력을 얻기 어렵다. 아프리카 곡물의 실행세율을 양허세율 상한으로 전환하는 것이 최우선으로 검토해야 할 사항이다.

국제기구, 선진국, 아프리카 여러 나라의 정부가 1980년대 이후 개발도상국에 요구해온 시장개방 정책을 재검토할 용기가 필요하다. 계속해서 국제 사회로부터 받는 원조가 중요한 것은 지적할 필요도 없지만, 필요한 것은 곡물의 실물 원조가 아니라 생산성 향상을 위한 자금, 기술, 자재 등이다. 아프리카 곡물 증산의 중요성에 대한 국제 사회의 인식이 더욱 높아지기를 바란다.

아프리카 쌀 증산의 실례

아프리카 농업의 생산성 향상과 증산에 성공한 사례가 바로 쌀이다. 아프리카의 쌀 생산량(정미 기준)은 2000년 1,165만 톤에서 2010년 1,735만 톤, 2020년 2,527만 톤으로 최근 20년 동안 116.8%나 확대되었다 ^{도표 5-4}. 아프리카에서 과거 쌀을 주식으로 먹던 곳은 서아프리카의 나이저_{Nige}강 유역의 소수 지역에

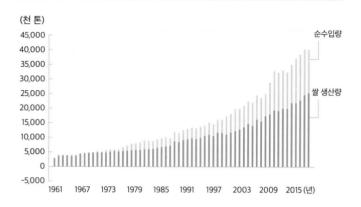

도표 5-4 · 아프리카의 쌀 생산량과 순수입량

(천 톤)

순수입량

쌀 생산량

㈜ 정미 기준

출처: 유엔식량농업기구

한정되어 있었다. 하지만 지금은 아프리카의 많은 나라에서 쌀이 옥수수나 카사바에 버금가는 주식 곡물이 되었다.

쌀이 보급된 이유는 의외의 부분에 있다. 아프리카의 전통적인 주식인 옥수수, 카사바, 잡곡 등은 건조시켜 가루 형태로 만들어 유통한 뒤, 물을 붓고 장시간 반죽하는 등 조리하는 데에 시간과 노력이 많이 든다. 반면에 쌀은 물을 넣고 밥을 짓기만 하면 먹을 수 있으므로 조리가 번거롭지 않고 조리 시간도 짧다. 다양한 반찬과 잘 어울린다는 장점도 있다.

아프리카에는 나이저강 인근이 벼의 원산지이나 수확량이

적은 편이라 현재는 아시아에서 건너간 아시아 벼가 보급되고 있다. 또한 '네리카NERICA, NEw RICe for Africa 쌀'도 국제기관의 재배 지도에 따라 아프리카 각지에서 보급되고 있다. 네리카는 수확량이 높은 아시아 벼와 병이나 잡초에 강한 아프리카 벼를 교배시켜 만든 신품종을 총칭하며 아프리카 벼 센터Africa Rice Center 가 1992년에 아시아 벼와 아프리카 벼의 종간 교잡에 처음 성공했다. 현재는 물벼 60종, 밭벼 18종이 등록되어 있다. 아프리카 농업도 진화하고 있기에 자급자족은 결코 꿈같은 이야기가 아니다.

화학 비료의 쟁탈

방대한 인구를 지탱하는
공업화된 농업

러시아의 우크라이나 침공이 야기한 식량위기는 밀과 옥수수 등의 곡물 수급에만 차질을 빚은 것이 아니다. 20세기 후반 이후 급증하는 세계 인구를 떠받친 곡물 증산의 주요 원인인 화학 비료의 수급에도 차질을 빚었다. 3대 화학 비료인 질소, 인산, 칼륨의 원료와 생산은 러시아와 그 동맹국 벨라루스가 높은 세계시장 점유율을 차지하고 있는데, 두 나라의 경제 제재 영향으로 많은 나라가 조달에 지장을 받았기 때문이다. 화학 비료의 가격은 러시아의 우크라이나 침공 이후 역사적인 고점 수준에 도달했다 ^{도표 6-1}.

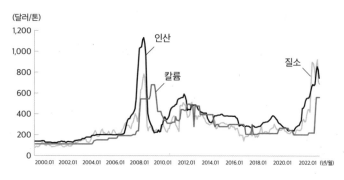

도표 6-1 · 세계의 화학 비료 가격

(달러/톤)

출처: 세계은행

화학 비료 가격 급등이 미치는 영향

비료의 부족과 가격 급등은 단기적인 곡물 수급의 차질 이상
으로 심각한 문제를 안고 있다. 러시아의 우크라이나 침공 이
후에도 세계에는 곡물 재고가 충분히 있었고, 국소적인 부족과
가격 급등은 주로 흑해에서 해상 곡물의 수출이 정체되어 생겼
다는 것은 이미 언급했다.

반면에 비료는 원료인 칼리광석이나 질소비료의 생산 공
정에서 소비되는 천연가스 등의 에너지가 러시아의 영향을 많
이 받기 때문에 석유나 천연가스 이상으로 강한 정치적 무기
가 될 수 있다. 비룟값 급등으로 세계 각국 농민들이 비료 사용
을 줄이게 되면 곡물 생산은 줄어들 수밖에 없다. 러시아와 비

료를 둘러싼 문제는 인류가 직면하는 새로운 장기적 과제가 될 것이다.

화학 비료는 주로 세 가지 요소로 이루어진다. 식물의 성장을 촉진하는 질소N, 개화와 결실을 돕는 인산P, 뿌리의 발육을 촉진하는 칼륨K이다. 세계은행의 조사에 따르면 화학 비료 가격은 러시아의 우크라이나 침공에서 약 한 달 후인 2022년 4월에 전년 동월 대비 질소가 181.9%, 인산이 79.1%, 칼륨이 177.8%로 급등했다.

얼핏 보면 군사 침공이 발발한 후 곡물과 비료의 가격 움직임은 서로 비슷해 보이지만 그 실상은 크게 다르다. 우크라이나에서 전황이 교착 상태에 빠지고, 국제적인 식량위기의 움직임이 보이자 흑해에서 곡물 수출 회랑의 개설이 검토되어 곡물 시황은 안정을 되찾았지만, 화학 비료는 이와 대조적이다. 질소는 침공 전 수준에 가깝게 돌아갔지만, 그래도 2012년 이후의 고점을 유지하고 있고, 인산과 칼륨은 2008년 이후의 고점 범위에서 머무르고 있다.

곡물과 비료 가격의 움직임 차이는 어디에서 발생한 것일까? 밀과 옥수수의 생산지는 전 세계에 퍼져 있는 반면 화학 비료는 원료 산지가 한정되어 있다. 질소는 원료를 공기 중에서 얻을 수 있지만, 생산 과정에서 막대한 에너지가 필요해 산유국과 산가스국이 유리하다. 인산과 칼륨은 원료 생산지가 한정되며, 러시아와 벨라루스가 주요 공급원이다.

2019년 실적에서 화학 비료 수출을 살펴보면 비료의 세 가지 요소인 질소, 인, 칼륨의 합계 수출량은 러시아가 단연 세계 1위로 16.2%의 점유율을 보이고, 벨라루스는 세계 4위로 6.8%를 기록하고 있다. 세 가지 요소를 각각 보면, 러시아는 질소 수출량이 세계 1위로 15.5%, 칼륨은 18.7%로 2위, 인은 13.7%로 3위를 차지하며 화학 비료에서 압도적인 존재다. 벨라루스는 칼륨에서 18.2%(3위)를 차지해 러시아와 합치면 전체의 40% 가까이 차지하고 있다.

EU, 미국과 벨라루스의 관계는 2020년부터 긴장이 고조되어 왔다. 같은 해 시행된 벨라루스 대통령 선거에서 현직 알렉산드르 루카셴코Alexander Lukashenko가 압승했지만, 많은 국민은 부정이 있었다고 호소하며 선거 후 수도 민스크Minsk를 비롯한 전국에서 대규모 시위를 벌였다. 폴란드 싱크탱크 조사에서는 루카셴코의 득표율이 50%를 밑돌아 선관위가 발표한 결과와 다르다는 지적이 나왔다. 이에 따라 EU와 미국은 벨라루스에 대한 제재를 단행했다. 이후 2021년에는 루카셴코 정권이 중동과 북아프리카의 이민자들을 EU 측으로 강제 추방하고 있다고 비판하며 추가 경제제재를 단행한 바 있다.

이 때문에 벨라루스산 칼륨(칼리비료) 수출은 하락하고, 국제가격이 오르기 시작했다. 러시아의 우크라이나 침공은 거기에 타격을 더한 셈이 되었다. 게다가 미국, 유럽, 일본 등 주요국이 부과한 러시아 제재의 핵심인 국제은행간통신협회swiFT의 배제로 러시아 기업들은 수출 무역 결제에 어려움을 겪으며 질소, 인, 칼리비료를 수출하지 못하는 상황까지 빚어졌다. 전례없는 비료 수급 차질과 가격 상승을 겪으면서 세계는 처음으로 화학 비료가 석유나 천연가스처럼 특정 국가에 의존하는 리스크 상품임을 알게 되었다.

화학 비료의 세 가지 요소

그동안 별로 주목받지 못했던 세계 화학 비료의 생산과 수출을 여기에서 정리해보겠다. 큰 특징은 세계 어디에서나 필요하지만, 에너지나 많은 범용 광물자원과는 비교할 수 없을 정도로 편중된 곳에 매장되어 있다는 점이다. 우선 화학 비료 요소부터 알아보자.

① 칼리광석

칼리광석은 90%가 비료 생산의 원료가 되며 칼리비료로 만들어진다. 미국 지질조사소usGs의 집계에 따르면 2017년 칼리광석의 상업적 가채매장량(현재의 채취 방법을 사용하면서 현재 원가 및 가격 수준으로 채굴 가능한 광업 자원의 매장량-역주)의 60% 가까이가 캐나다, 러시아, 벨라루스의 3개국에 집중되어 있고, 요르단, 이스라엘이 뒤를 이었다. 생산량으로 봐도 캐나다, 벨라루스, 러시아가 상위 3개국이며, 그 뒤를 잇는 곳은 중국, 독일이다. 상위 5개국에서 전 세계의 80% 이상을 생산하고 있다. 다만 중국, 독일은 칼리비료의 큰 수요국이어서 매장량과 비교해 빠른 생산을 계속할 수밖에 없어 자원이 고갈될 위험이 닥치고 있다.

② 인광석

인산비료의 원료가 되는 인광석은 새, 펭귄, 바다사자 등의 배설물(구아노)이 퇴적되어 화석이 된 것, 동식물이나 미생물의 기원, 화산활동을 기원으로 하는 것 등 크게 세 가지로 나뉜다. 미국 지질조사소의 정리에 따르면 2017년 인광석 매장 1위는 모로코 서사하라로 전 세계의 71%를 차지한다. 2위는 중국 5%, 3위는 시리아 3%다. 하지만 생산량은 중국이 53%로 과반을 차지하고, 미국이 11%, 모로코 서사하라가 10%, 러시아가 5%로 뒤를 잇고 있다.

　중국은 오랫동안 국민을 배부르게 하는 것이 국가 최대의 목표였기에 곡물의 생산 증대를 위해 비료 원료인 인의 생산을 힘껏 늘려왔다. 하지만 중국의 인광석 자원은 "풍부하지만 풍부하지 않다"라고 꾸준히 언급될 만큼 모로코에 비해 인 함유량이 적어서 자원 고갈이 현실화되고 있다. 이에 따라 중국 정부는 장차 인광석과 인비료 수출을 제한할 가능성이 있다. 실제로 미국은 이미 1990년대부터 인광석 수출을 금지하고 있다.

인광석은 유력 생산지의 자원 고갈이 현실로 나타난 역사를 안고 있다. 남태평양의 섬나라인 나우루 공화국은 1899년 독일인 기술자가 거대한 인광상을 발견하면서 개발과 생산이 시작되었다. 1960년대에 들어 인광석의 가격 상승으로 증산이 진행되어 연간 생산량은 100만 톤에 달해 세계 유수의 인광석 수출국이 되었다. 국민들은 세금을 내지 않고 교육과 의료도 무료로 받을 수 있는 등 풍요로운 생활을 보냈다. 하지만 20세기 말 자원이 고갈되고 수출이 급감하자 순식간에 경제가 악화되어 파탄 상태에 빠졌다. 현재는 잔존하는 인광상의 2차 채굴이 진행되고 있다.

일본에서도 과거 라사Rasa 섬으로 불렸던 오키다이토沖大東 섬에서 구아노로 만들어진 대규모 인광상이 발견되었다. 오키나와 본섬에서 동남쪽 400킬로미터에 있는 태평양의 외딴섬에는 라사섬 광업소가 세워졌고, 1911년 인광석 생산을 시작해 성수기에는 2,000명이 섬에서 일할 정도로 번성했다. 생산은 태평양 전쟁 말기인 1944년까지 이어졌으며 누적으로 160만 톤이 출하되었다. 라사섬 광업소는 현재 도쿄증권 프라임에 상장한 화학회사 라사 공업이 되었고, 현재도 오키다이토섬은 그 회사 소유다. 인광석은 섬에서 채굴되는 경우가 많아서 섬의 흥망성쇠와 직결된다.

③ 질소

질소는 사정이 크게 다르다. 공기의 약 78%가 질소라서 공기를 원료로 하면 세계 어디서나 생산할 수 있기 때문이다. 1906년 독일인 하버와 보슈가 각각 인공적으로 질소비료의 원료인 암모니아 합성에 성공해 이후 '하버 보슈법Haber-Bosch process'으로 자리를 잡았다. "공기와 물로 빵을 만든다"라고 일컬어지는 획기적인 과학적 발명인 하버 보슈법으로 세계 농작물 수확량은 비약적으로 증가해 인류를 기아에서 구했다고 한다. 다만 하버 보슈법은 철계 촉매를 기본으로 400~600도의 고온과 200~400기압이라는 고압 조건이 필요해 막대한 에너지를 소비한다. 질소 생산에 사용되는 에너지는 인류가 사용하는 에너지의 2~3%에 달한다고 알려져 있다.

따라서 저렴하고 풍부한 에너지가 있는 나라가 아니면 사실상 질소를 생산하기가 어렵다. 석탄부터 석유, 천연가스까지

식량위기, 이미 시작된 미래

에너지가 풍부한 러시아는 그야말로 질소 생산 강국이 될 요소를 갖추고 있었다. 질소비료의 중간 원료인 암모니아 생산량은 중국이 압도적인 1위이며, 2위 러시아, 3위 미국, 4위 인도, 5위 인도네시아로 에너지 생산 강국이자 농업 대국으로 상위권에 올라 있는 나라들이다. 천연가스를 수출이 아닌 국내 화학 산업의 원료로 공급하는 사우디아라비아도 6위에 들어가 있다.

칼륨, 인, 질소라는 비료의 세 가지 요소를 보면 편중된 자원 매장과 에너지 다소비 산업이라는 특징이 있다. 한국만 해도 비료 원료인 요소, 인광석, 염화칼륨, 암모니아 등을 100% 수입에 의존하고 있다. 따라서 자원이 풍부한 러시아가 우크라이나를 침공한 것이 비료 생산과 수출에 큰 영향을 미치고 있음을 이해할 수 있을 것이다. 2022년의 상황은 석유, 천연가스의 가격 급등과 비료 원료의 수출 제약이 이중으로 비료 시장을 강타하고 있으며, 농업 생산에도 국제적인 영향이 확산되는 구조가 되었다.

화학 비료 생산의 또 다른 압력

중국은 칼리광석, 인광석, 질소 3종을 합한 화학 비료 수출 부문에서 세계 3위에 있다. 그 외 상위국으로는 러시아, 벨라루스, 캐나다, 모로코로 이들은 모두 비료 원료의 생산과 매장 강국이다. 이와 달리 결코 비료 자원이 풍부하다고 할 수 없는 중국이 상위에 있는 것은 많은 인구를 부양하기 위해 화학 비료를 대량으로 사용해 밀, 쌀, 옥수수의 생산을 확대할 수밖에 없었기 때문이다.

중국은 1970년대에 질소, 1980년대 칼리광석의 수입을 급증시켜서 세계 최대의 수입국이 되었다. 이어 1980년대에는 비료의 안정적인 공급을 확보하기 위해 질소와 인의 국내 생산을 늘렸다. 중국의 에너지 산업과 화학 산업이 성장하면서 비료 생산은 확대되었고, 곡물 생산도 증가했다. 내수를 채우기 위한 산업 능력 확충이 경제성장을 가속화시켜서 내수가 더 늘어난다는 중국의 성장 모델을 여기에서도 관찰할 수 있다.

다만 21세기 들어 화학 비료는 생산 과잉에 빠졌다. 식량 수요 증가세가 진정되면서 중국에서는 무리한 증산을 위해 개척된 농업에 부적합한 농지를 자연에 돌려주는 '퇴경환림退耕還林' 정책을 시작했다. 화학 비료의 과다 사용에 따른 수질오염, 토양 열화 등 환경파괴가 지적되자 중국 정부는 화학 비료 사용을 억제하는 정책으로 돌아선 것이다. 그렇다 보니 화학 비료 산업은 공급이 과잉되었고, 이를 수출로 돌리게 되면서 2005년부터 중국의 비료 수출이 급증했다. 칼리광석이나 인광석 등의 비료 원료가 그다지 풍부하게 존재할 리 없는 중국이 세계 유수의 화학 비료 수출국이 된 것은 이 때문이다.

국내 수요에 비해 에너지 자원이 풍부하다고 할 수 없는 중국은 2017년 미국을 제치고 세계 최대의 석유 수입국이 되었고, 2021년 석유 수입 의존도는 70%에 달했다. 천연가스 수입도 급증해 2021년 세계 최대 액화천연가스LNG 수입국이 되었다. 이런 에너지 수입 강국이 화학 비료를 수출하는 것은 큰 모순이며, 중국의 '2060년 탄소 중립 달성'이라는 국가 목표 실현에도 큰 걸림돌이 되었다.

상황이 이렇다 보니 중국 정부는 화학 비료 생산은 내수에 집중하고, 수출을 제한하는 정책으로 돌아섰다. 2021년 10월 15일부터 비료 수출 검사를 엄격하게 시행하면서 화학 비료의 수출량은 크게 하락했다. 결국 중국은 주식 곡물의 자급자족과 농업용 비료의 자급자족을 동시에 달성하는 것이 국가 목표로 필요하며, 비료 수출이 끝나는 것은 필연적이라고 할 수 있다.

곡물보다 수급이 어려운 화학 비료

2022년 중반에는 세계의 생활필수품 가격이 대체로 정점을 넘었다는 견해가 확산되었다. 미연방준비제도이사회FRB의 파월 의장은 2022년 들어 잇달아 예상을 뛰어넘는 큰 폭의 정책금리 인상을 추진했고, 유럽중앙은행ECB, 영국, 스위스 등 주요국의 중앙은행도 금리 인상으로 전환했다. 생활필수품의 가격 상승이 견인한 인플레이션 억제에 주요국의 중앙은행들이 움직이기 시작한 것이다. 게다가 석유 등의 에너지도 생산 증가와 경기 후퇴에 따른 수요 감소로 가격에 하방 압력이 높아지는 움직임이 있었다. 그런데 이 가운데 화학 비료는 예외적으로 가격이 하락하지 않았다.

앞서 언급했듯이 질소는 생산에 지리적 제약을 받지 않는 탓에 새로운 플레이어의 진입이 가능하지만, 인산과 칼륨 자원은 세계적으로 편재되어 있고, 고갈될 위험도 있다. 따라서 새로운 자원 창출 방법이 없다면 공급 불안으로 언제든지 다시 급등할 수 있다. 2022년 7월 세계 화학 비료 가격은 러시아의 우크라이나 침공 전으로 돌아갔지만, 여전히 2012년 이래 최고 범위에 머물고 있다.

화학 비료 가격의 고공행진이 장기화되면 세계 농업은 화학 비료의 사용을 줄여야만 하는 상황에 처하게 된다. 곡물 가격의 상승 이상으로 비료 가격이 치솟아 비료 투입의 경제성이 떨어지고 있기 때문이다. 특히 개발도상국 대다수는 자금이 부족해 비료 투입이 급감할 수밖에 없게 된다.

유엔식량농업기구가 2022년 6월 9일에 공표한 식량 전망에 따르면 화학 비료 등 농업의 생산투입비용지수는 사상 최고

수준의 추이를 보이고 있으며, 2022년 6월까지 1년 동안 월평균 상승률은 6%에 이른다. 이는 식량 가격의 평균 상승률 2%를 크게 웃돌고 있어 현재의 식량 급등 속에서 농가의 실질적인 수입이 급격히 감소하고 있음을 의미한다. 이익을 얻고 있는 것은 비료 생산국이나 석유, 천연가스 등을 공급하는 국가이며 농업 생산자가 아니라는 점에 세계는 주목해야 한다. 간단히 말해 전 세계 소비자와 농민의 소득이 에너지와 비료 원료의 자원국으로 이동하고 있는 것이다.

비료 폭등으로 곤경에 빠지는 농가

곡물 가격 급등으로는 농가의 생산 의욕을 높이지 못한다. 오히려 생산 지출을 절감하는 편이 이익을 늘릴 가능성이 높아 농가의 생산 의욕을 올리는 역할을 한다. 가장 단적으로 드러나는 것이 쌀이다. 아시아 지역의 주식이자 많은 인구를 지탱하고 있는 쌀은 각국 정부가 충분히 비축하고 있어 농가의 생산비용이 상승해도 쌀의 시장가격은 오르지 않는 역설을 안고 있다.

현재 쌀 농가는 다음 분기 경작에 채산의 관점에서 화학비료의 투입을 억제할 가능성이 있다. 필리핀에 본부를 둔 국제쌀연구소IRRI는 2022년 5월, 2022년의 쌀 수확이 전 세계적으로 10% 감소할 위험이 있다고 경고했다. 이렇게 생산 지출이 커지면 이를 절감하기 위해 생산을 줄이게 되고, 그러면 곡물 수급이 어려워져 시세가 상승하고, 농가에는 이점이 된다. 따라서 농가의 개별적인 생산 의사결정에 따라 세계 곡물 수급이 차질을 빚는 방향으로 갈 가능성은 있는 것이다.

우크라이나 위기 이후 농가들이 화학 비료의 사용을 줄여 곡물 수확이 줄지 않도록 비료 사용 지원금을 주는 나라들이 나타나고 있다. 일본 정부는 비료 비용 증가의 70%를 보전하는 새로운 지원금 구조를 창설할 방침을 2022년 6월 28일에 발표했다. 중국은 같은 해 5월에 총액 100억 위안의 생산 보조금을 추가했다. 중국은 화학 비료 자급률이 높은 수준인데도 생산자에게 직접 보조금을 추가해야 할 정도로 비룟값 급등의 상황은 절박하다. 한국은 2010년 화학 비료 가격 보조 제도가 폐지되었지만, 유기질 비료 지원 사업은 매년 각 시도에 따라 기준을 달리해 진행하고 있다.

화학 비료의 생산과 유통은 세계의 농업 생산과 식량의 안정적인 공급을 지탱하는 큰 요소다. 이를 안정시키는 것은 세계적으로 매우 중요한 과제이며, 유엔과 선진국을 포함해 효과적인 대책 마련이 필요하다.

수입 의존이 높은 브라질과 인도는 국내 증산으로

화학 비료의 공급 부족과 가격 급등이 미치는 영향은 국가에 따라 다양하다. 미국은 세계 2위의 화학 비료 수입국이지만 이웃 나라 캐나다에서 가장 많이 수입하고 있어 조달하는 데 큰 문제가 없다. 미국 자체도 인광석은 세계 4위, 질소는 세계 9위의 수출국이기도 하다. CF인더스트리CF Industries 등 대형 비료업체도 많아서 미국은 직접적으로 비료가 부족해질 우려가 적다.

반면 비료 조달에 불안감을 느끼는 곳은 세계 최대의 비료 수입국인 브라질과 3위인 인도다. 양국의 화학 비료 수입량은 대폭 증가해왔다. 2000~2019년 사이에 브라질은 495만 톤에서 1,493만 톤으로 약 3배 증가했고, 인도는 227만 톤에서 1,210만 톤으로 5.3배 급증했다. 브라질의 전국비료보급협회ANDA에 따르면 브라질은 화학 비료의 85%를 수입에 의존하고 있다.

물론 그 덕에 브라질은 콩과 설탕으로는 세계 최대, 옥수수로는 2021년에 세계 2위의 수출국이 되었다. 화학 비료의 투입이 생산량을 끌어올린 결과다. 상파울루 대학 응용경제 연구소CEPEA-USP에 따르면 농업 생산과 가공을 포함한 애그리비즈니스agribusiness(농업 관련 산업)는 브라질 GDP의 26.6%를 차지하고 있다(2020년). 이는 곧 비료 수입의 애그리비즈니스에 대한 투자

효과가 크다는 것을 보여준다.

　인도는 중국과 함께 거대한 인구를 부양하기 위해 식량 생산을 늘려왔고 식량의 자급 체제를 거의 갖추었다. 그 기세를 몰아 2015년 이후에는 태국, 베트남과 세계 최대의 쌀 수출국 자리를 다투기까지 했다. 인도와 브라질 두 나라의 안정적인 식량 생산은 세계 곡물 시장의 안정과 직결되지만, 이를 근저에서 뒷받침하는 것은 화학 비료이며, 두 나라 모두 러시아에 의존하는 정도가 크다. 이는 우크라이나 침공으로 러시아를 제재하는 움직임에 인도와 브라질이 뒤로 물러서는 배경이 되기도 한다. 두 나라를 비롯한 개발도상국의 러시아 제재에 대한 민감도와 대응 차이는 곡물 의존 이상으로 화학 비료를 의존하기 때문인지도 모른다.

　문제는 전 세계적으로 최근 수십 년간 이어진 인구 증가는 주로 아프리카나 아시아의 개발도상국이 중심이었으며, 앞으로도 이들 나라의 인구는 증가할 것으로 보여 식량 생산을 늘리기 위해서라도 화학 비료 투입 증가는 불가피한 상황이다. 약 2억 7,000만 명으로 세계에서 4번째로 인구가 많은 인도네시아의 화학 비료 수입은 2000년에 53만 톤에서 276만 톤으로 5.2배 증가했고, 그 외에 태국, 베트남, 파키스탄, 방글라데시 등의 나라에서도 화학 비료 수입이 급증하고 있다.

이에 대해 러시아 제재를 주제로 한 2022년 6월 27일 주요 7개국G7 정상회의에 특별 게스트로 참가한 인도의 나렌드라 모디Narendra Modi 총리는 "세계의 식량 안보는 우선 비료 확보에 집중할 필요가 있다"라고 지적했다. 곡물 생산량을 규정하는 것은 날씨와 농민의 경작 의욕, 그리고 투입할 수 있는 화학 비료의 양으로, 이는 농민이 비료 가격에 따라 비료 투입량을 결정하기 때문이다.

농가들도 농업 생산의 채산성을 꼼꼼히 분석해 최적화하려고 노력하고 있다. 모디 정권의 주장에 따라 인도와 브라질도 자국 내에서 화학 비료의 생산을 확대하겠다고 표명했고, 주요 각국에 투자나 융자 등 비료 생산을 확대하는 데에 협력해줄 것을 요구했다. 브라질 정부는 화학 비료의 국산화를 촉진하고, 해외 수입 의존도를 낮추는 '국가비료계획 2022~2050'의 시행을 2022년 3월에 발표했다. 구체적으로는 2050년까지 수입하는 비료의 비율을 45%까지 낮추겠다는 것이다.

화학 비료가 지탱하는 세계의 인구 증가

그렇다면 화학 비료는 세계 식량 생산에 어느 정도의 효과와 의미를 가지고 있을까? 질소, 인산, 칼륨이라는 비료의 세 가지

요소는 식물의 생육을 위해 대량으로 필요하며, '식량의 식량'
이라고 한다.

비료에는 인류가 오랫동안 사용해온 식물성이나 동물성
유기물이 발효·숙성되어 생긴 유기비료가 있다. 순환형이고,
생산에 에너지도 거의 필요 없으므로 탄소 중립에 부합한다.
하지만 식물이 성장하는 데에 즉각적으로 효과가 나타나기 어
렵고, 원료에도 한계가 있어 대량 생산이 되지 않는다. 반면에
공기 중의 질소나 광물 등의 무기물을 이용해 공장에서 대량
생산하는 화학 비료는 식물의 성장 효과가 빠르게 나타나고 농
가가 안정적인 품질의 물건을 저렴하게 구할 수 있다.

곡물의 대량 생산을 이끈 화학 비료

유엔식량농업기구의 데이터에 따르면 2019년까지 반세기 동안 세계 곡물 생산량은 2.5배 늘었지만, 같은 기간 화학 비료 사용량은 3.1배 증가했다. 곡물 증산은 분명히 화학 비료의 투입 증가가 뒷받침하고 있다. 같은 시기 세계의 인구는 2.1배 성장해서 인구 증가는 식량의 안정적인 공급을 뒷받침한 화학 비료 덕분이라고도 볼 수 있다.

화학 비료의 의미는 일반적으로 생각하는 것 이상으로 크다. 18세기부터 19세기까지 활약한 영국의 경제학자 토머스 로버트 맬서스Thomas R. Malthus는 1798년 발표한 논문에서 지적한 "식량 생산은 인구 증가를 따라가지 못한다"라는 맬서스 트랩Malthusian trap을 발표했다. 인구는 기하급수적(1→ 2→ 4→ 8……)으로 증가하지만, 식량 생산은 토지자원의 제약을 받기 때문에 산술급수적(1→ 2→ 3→ 4……)으로 증가하며, 1인당 식량 공급량은 생존에 필요한 최저수준으로 떨어져 세계 인구는 생존 직전의 수준에서 멈춘다는 설이다.

종종 식량위기를 부추기는 논자들에게 사용되는 문구지만, 21세기인 오늘날까지는 아직 현실화되지는 않았다. 맬서스 트랩을 뚫은 것은 화학 비료와 농약의 발명이었고, 인류는 인구를 급증시킬 수 있었다. 다만 이것은 세계 전체를 평균한 이야기이며, 지역과 국가의 경제 수준에 따라 화학 비료의 사용량은 크게 다르다. 결과적으로 곡물 단수도, 국민 1인당 소비할 수 있는 식량의 칼로리도 크게 다르다. 여기서는 아시아, 특히 인구 대국인 중국 및 인도와 아프리카의 상황을 비교해서 화학 비료와 식량의 관계를 살펴보고자 한다.

아프리카는 맬서스 트랩을 돌파할 수 있을까

일반적으로 아프리카 국가들은 일부를 제외하고, 개발도상국 중에서도 가장 낙후된 지역으로 꼽는다. 특히 중국이나 인도 등 아시아의 개발도상국이 경제성장을 시작한 1980년대 이후부터는 아프리카 국가들이 개발에서 뒤처지는 모습은 더욱 눈에 띄었다.

아프리카와 아시아의 발전이 차이가 나는 요인은 외자의 직접투자와 부존자원의 상황, 부족 사이의 관계, 지정학적 위치 등 다양하다. 하지만 간과하기 쉬운 가장 중요한 요인은 식량의 자급자족 체제에 있다. 식량을 안정적으로 확보하는 것은 국민을 안심시킬 뿐 아니라 수입에 의존하지 않으면서 외자 균형을 크게 개선하고 경제활동의 지속성을 담보하기 때문이다.

1961~2018년까지 57년간 아프리카의 곡물 생산은 연평균 2.66% 증가해 인구 증가율인 2.63%를 약간 웃돌았다. 그렇다고 해도 아프리카에서 식량 증산이 궤도에 오른 것은 오래

된 이야기가 아니다. 2003년 이후 국가 예산의 10%를 농업 부문에 돌리자는 아프리카연합의 '마푸토 선언'을 바탕으로 아프리카에서 농업 분야에 투자를 늘리면서 곡물 생산이 겨우 인구 증가율을 따라잡은 것이다. 과거 1961~2002년까지 41년 동안에는 곡물 생산의 연평균 증가율은 2.33%로 인구 증가율인 2.66%보다 줄곧 낮았다.

반면에 1961~2018년 사이에 아시아의 곡물 생산 연평균 증가율은 2.59%로 인구 증가율 1.74%를 지속해서 넘고 있다. 아프리카 전체의 2018년도 인구는 12억 7,592만 명으로 아시아의 양대 인구 대국인 중국과 인도와 가깝다는 점에서 중국, 인도와 아프리카 전체를 비교해보면, 중국은 1961~2018년의 57년 동안 곡물 생산의 연평균 증가율이 3.06%로 인구 증가율 1.71%보다 1% 이상 높았고, 인도 역시 곡물 생산 증가율이 평균 2.31%로 인구 증가율 1.91%를 웃돌았다.

곡물생산량, 경작 면적, 단수, 인구 추이 등을 보면 아프리카는 1977년 이후 곡물 생산량 증가가 인구 증가를 따라가지 못했고, 결과적으로 1인당 곡물 생산량이 감소세로 돌아섰다. 1980~2000년 기간에는 곡물 생산이 심각하게 정체되어 1인당 곡물 생산량은 1980년 152킬로그램에서 2000년에는 137킬로그램으로 약 10% 감소했다. 아프리카의 농업은 같은 시기에 지구상의 다른 지역에서는 볼 수 없는 퇴화를 보인 것이다.

5장에서 지적했듯이 미국과 유럽 등 선진국의 보조금으로 원가 경쟁력을 높인 곡물 수입 증가로 아프리카 각국의 자국 내 농업이 타격을 입었기 때문이다. 시장 개방이라는 경제정책이 농업과 농민에게 심각한 타격을 줄 수 있다는 것을 아프리카는 몸소 증명하고 있다.

그나마 2003년 이후 아프리카도 곡물 생산량이 점점 증가해서 1인당 곡물 생산량이 2018년 162킬로그램으로 1960년대 수준으로 돌아왔지만, 그 사이 아시아의 1인당 곡물 생산량은 1962년 200킬로그램대로 올라간 뒤에도 계속해서 완만히 성장해 2011년에는 300킬로그램대에 이르렀다. 아프리카 농업이 얼마나 오랫동안 정체했는지 알 수 있다.

아프리카에서는 밀이나 쌀 등의 곡물 생산뿐 아니라 카사바를 중심으로 하는 덩이줄기 채소(건조품 1킬로그램=신선품 4킬로그램)를 더한 주식용 농산물의 1인당 생산량은 현재 겨우 200킬로그램을 넘었다. 위에서 언급했듯이 아시아의 곡물 생산량 증가는 1961~2018년까지 지속적으로 인구 증가를 웃돌았고, 1인당 곡물 생산량도 감소한 적이 없었다. 라틴 아메리카도 아시아와 마찬가지로 곡물 생산이 인구 증가율을 넘어서고 있다. 이렇듯 전 세계에서 아프리카만이 오랫동안 식량 생산이 인구 증가를 따라가지 못하고, 생존에 아슬아슬한 수준(최저 생존 수준)에서 균형을 이루는 '맬서스 트랩'에 빠져 있는지도 모른다.

아프리카와 아시아의 곡물 생산의 명암을 가른 녹색혁명

아시아가 곡물 생산을 대폭 확대할 수 있었던 이유는 1960년대에 일어난 녹색혁명에 있다. 녹색혁명은 주로 밀과 벼의 품종을 개량해 수확량이 높은 고수량 품종을 도입하고, 생산 기술의 혁신을 통한 단수 증가를 통해 곡물 생산을 크게 늘린 전략이다.

멕시코에서 시작된 녹색혁명은 1960년대 아시아에 도입되었으며, 인도와 중국에서도 일찌감치 실시되었다. 아시아에서 고수량 품종의 재배가 확대될 수 있었던 것은 식량위기를 두려워한 각국 정부가 강력하게 추진해왔기 때문이다. 녹색혁명에서는 개량 품종과 새로운 재배 기술을 다수의 영세 농가에 확실하게 보급시켜야 했는데, 그러려면 포괄적이고 장기적인 교육과 훈련 등의 활동이 필수적이다.

녹색혁명에서 열쇠를 쥔 것이 1960년대 도입된 고수량 품종이다. 하지만 잠재적 능력을 발휘하려면 필요한 양의 비료를 투입해야 한다. 게다가 비료가 효과를 내려면 충분한 물, 즉 관개 설비도 필요하다. 녹색혁명은 단발적인 활동이 아니라 종합적인 농업개혁 운동이었다.

아시아 각국은 이 개혁 운동을 진지하게 받아들여 관개시설을 정비하고 화학 비료를 투입하는 데에 노력을 기울였고, 수확물을 보관하는 창고와 수송 등의 유통 인프라도 정비했다. 같은 시기에 아프리카는 이런 과정이 거의 실행되지 않았다. 오히려 당시는 정치가 혼란스러운 시대라 국내에서 권력 투쟁과 부족 분쟁이 이어지면서 결과적으로 농업이 경시되는 길을 걸었다.

다른 이야기지만, 아프리카에서는 국가 독립이 잇따르면서 '아프리카의 해'라고 불리던 1960년 이후 분쟁 또한 증가했다. 1967년 나이지리아 동부주가 독립을 선언하면서 발생한 '비아프라 전쟁Biafran War'은 처참한 전투 끝에 영유아를 포함한 200만 명의 전사자와 아사자를 냈다. 영양실조로 배가 불룩해진 유아의 사진이 전 세계에 보도되면서 아프리카의 실태와 식량 위기를 실감하게 했다.

비아프라에서 기아가 발생한 것은 현지의 식량 수급 격차 때문이라고 단정할 수는 없다. 비아프라를 포위한 나이지리아 정부군이 식량을 반입시키지 않고 일으킨 인위적·정치적 아사餓死였다. 아시아에서는 강권적인 정권이 녹색혁명에 권력과 자금을 사용했다면, 아프리카 일부에서는 분쟁과 무기로 사용된 것이다.

화학 비료의 투입과 성과

구체적으로 아시아의 화학 비료 투입의 변화를 살펴보자. 1961~2020년 사이에 경지 면적의 화학 비료(3요소 합계) 사용량은 아시아 전체에서 1헥타르당 8킬로그램에서 187킬로그램으로 약 22배 확대되었고, 그중 중국은 7킬로그램에서 337킬로그램으로 약 48배, 인도는 2킬로그램에서 193킬로그램으로 약 92배 증가했다. 한편 아프리카는 4킬로그램에서 25킬로그램으로 약 6배 증가했지만, 여전히 세계에서 가장 낮은 수준이다. 이것도 앞에서 언급했듯이 2003년의 마푸토 선언 이후 농업에 재정 투입이 증가하면서 사용량이 증가한 것이다. 1980~2000년 사이에 아프리카의 단위 면적당 비료 사용량은 거의 늘지 않았다[도표 6-2].

다만 아프리카 중에서도 지역 간에 격차가 큰 것은 사실이다. 석유와 천연가스 생산국인 알제리나 이집트, 인광석 자원을 가진 모로코 등의 북아프리카, 브릭스BRICS의 일원이 된 남아프리카 공화국은 화학 비료의 단위 면적당 사용량이 아시아를 따라가고 있다.

결과는 곡물의 단수에 확실히 반영되고 있다. 모든 곡물

도표 6-2 · 아시아와 아프리카의 단위 경지 면적당
화학 비료 사용량과 곡물 단수

출처: 유엔식량농업기구

의 평균 단수에서 1961~2020년 사이에 아시아는 1헥타르당
1,212킬로그램에서 4,226킬로그램으로 248.7% 증가했다. 그
중 중국은 1,193킬로그램에서 6,296킬로그램으로 427.7% 증
가했고, 인도는 947킬로그램에서 3,283킬로그램으로 246.7%
증가했다^{도표 6-3}. 반면에 같은 시기 아프리카의 곡물 단수는
810킬로그램에서 1,646킬로그램으로 103.2% 상승에 그쳐
2020년 곡물 단수가 아시아의 38.9%, 중국의 26.1%, 인도의
50.1%에 불과하다. 화학 비료의 효과가 여전한 것이다^{도표 6-4}.
물론 이런 곡물 단수에 화학 비료가 효과를 발휘할 수 있

도표 6-3 · 아시아의 곡물 생산량과 경작 면적 그리고 단수

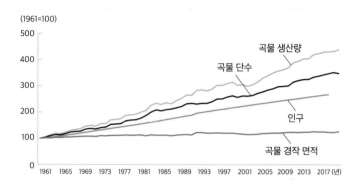

(1961=100)

곡물 생산량
곡물 단수
인구
곡물 경작 면적

출처: 유엔식량농업기구

도표 6-4 · 아프리카의 곡물 생산량과 경작 면적 그리고 단수

(1961=100)

인구
곡물 생산량
곡물 단수
곡물 경작 면적

출처: 유엔식량농업기구

제6장 | 화학 비료의 쟁탈

었던 배경에는 관개 설비 등의 인프라 정비가 필수적이다. 같은 1961~2020년 기간에 경작지의 관개율은 아시아에서는 23.5%에서 41.5%로 높아졌고, 그중 중국은 21.7%에서 51.3%로, 인도는 16.1%에서 43.0%로 크게 상승했다. 하지만 아프리카는 같은 기간 4.4%에서 6.0%로 반세기 이상 거의 발전하지 않았다. 이 기간에 아프리카의 곡물 증산의 최대 요인은 경작지 면적의 확대였다. 아프리카의 경작지 면적은 1961년 1억 6,729만 헥타르에서 2020년에 2억 8,186만 헥타르로 68.5%나 증가했다. 이에 비해 인도는 같은 기간에 1억 6,099만 헥타르에서 1억 6,867만 헥타르로 제자리걸음을 보인다. 중국도 1억 435만 헥타르에서 1억 3,488만 헥타르로 29.3% 증가하는 데에 그쳤다.

결국 아프리카에서는 식량 증산을 위해 경작 한계지(생산되는 양이 생산에 필요한 비용과 비슷해 경작 가치가 없는 땅-역주)로 경작을 확대할 수밖에 없어 농민들은 곡물 대신 생육하는 카사바나 타로 등 덩이줄기 채소의 경작을 선택했고, 동시에 토양 개량이나 병충해 등에 대한 대책이 되는 혼작(다수의 작물을 병행해서 재배)을 선호하게 되었다.

문제는 아프리카의 인구가 앞으로도 크게 늘어날 가능성이 커서 식량 수요는 계속 늘어날 것이라는 점이다. 아프리카는 기아와 영양결핍의 인구 비율이 세계에서 가장 높으며, 후천성 면역결핍증AIDS 같은 질병도 세계 다른 지역보다 많이 발생하고 있다. 그럼에도 아프리카의 연평균 인구 증가율은 1950~2018년의 68년 동안 2.57%로 아시아의 1.77%보다 0.79%나 높아 세계에서 2%를 넘는 유일한 대륙이다. 더구나 아프리카의 인구 증가율 2%는 2050년까지 유지될 가능성이 높다고 유엔이 '세계인구예측 2019World Population Prospects 2019'에서 제시한 바 있다.

이 예측에 따르면 중간 계층을 가지고 전체를 미루어 보는 '중위 추계'에서 세계의 인구는 2030년에 85억 명, 2050년에 97억 명이 되며, 그중 아프리카의 인구는 2030년에 세계의 20.0%에 해당하는 17억 명이 되리라고 전망했다. 2019년 13억 명보다 4억 명이나 늘어나는 것이다. 2050년에는 세계 인구의 25.8%에 해당하는 25억 명이 될 것이라고 예측하고 있다. 2019년과 비교하면 아프리카는 12억 명의 국민에게 새로 식량을 공급해야 한다.

중국보다 약간 적지만, 그래도 거대한 신규 인구를 부양하려면 아프리카는 아시아가 걸어온 것과 마찬가지로 우량 품종을 도입하고, 관개 설비를 정비하며, 화학 비료의 투입을 늘리는 등 농업 생산성이 향상될 수 있는 정책을 실시하고, 보관 창고나 가공 공장, 도로 등의 인프라에도 진지하게 투자할 필요가 있다.

유기농업에 실패한 스리랑카에서 배울 점

스리랑카는 인도네시아와 필리핀 등과 함께 1960년대부터 쌀과 같은 농산물의 증산을 꾀하는 녹색혁명을 실시해 우량 품종을 도입하고, 관개를 확대하며, 화학 비료의 투입을 늘리는 기술을 도입했다. 화학 비료를 구매하는 농가에 보조금을 주는 등의 정책을 실행해서 농산물 증산에서 큰 성과를 거두었다. 1977년 이후에는 쌀의 자급을 거의 달성했고, 찻잎이나 고무 등의 환금 작물(판매를 위해 재배하는 작물-역주)도 생산을 늘려 외화를 벌어들이는 주요 품목이 되었다.

그러나 화학 비료를 과다 사용하면서 지하수가 오염되어 국민 건강에 피해가 생겼고, 농지의 유기질이 저하되는 등 여러 나라에서 발생하는 문제가 스리랑카에서도 두드러져 대책이 요구되고 있다. 화학 비료도 국내에서 생산되지 않아 수입에 의존하고 있어 2020년 세계 화학 비료 가격이 낮게 안정된 상태에서도 스리랑카의 화학 비료 수입액 및 보조금 총액은 5억 달러에 달했다.

그러던 중 2019년 대선에서 스리랑카의 농업을 10년 동안 전부 유기농으로 바꾸겠다는 공약을 내건 고타바야 라자팍사_{Gotabaya Rajapaksa}가 대통령에 당선되었다. 라자팍사 대통령이 취임한 지 몇 달 만에 코로나19 팬데믹이 발생하면서 스리랑카의 관광업은 큰 타격을 입었고, 2019년에 스리랑카 외화 획득의 약 절반을 차지하던 관광업이 궤멸적인 상황에 빠지면서 2021년 초 스리랑카 정부는 재정 파탄과 외화 부족이라는 이중적인 경제위기에 직면했다.

이에 라자팍사 대통령은 화학 비료의 수입 대금을 절감하기 위해 모든 국내 농업을 유기농으로 이행시키는 정책을 단숨에 추진하고, 2021년 4월에는 화학 비료와 농약, 제초제의 사용과 수입을 금지하겠다고 발표했다. 문제는 약 200만 명에 이르는 스리랑카 농민들에게 충분한 이행기간이 주어지지 않았고, 화학 비료 대신 필요한 유기 비료의 생산도 따라가지 못해 농업은 대혼란에 빠졌다.

유기농 시스템이 구축되지 않은 단계에서 성급하게 화학 비료 사용을 금지시킨 결과, 쌀 수확량이 급감했고, 최대 수출품인 찻잎과 고무, 코코넛 등의 생산도 큰 타격을 입었다. 관광 수입이 급감하는 가운데, 환금 작물의 수출까지 대폭 감소하면서 외화가 더욱 부족해지는 사태가 빚어진 것이다. 아울러 귀중한 외화 획득 수단이었던 스리랑카 해외 노동자에게서 오는 송금도 실업 등으로 감소했다.

미국 농무부의 통계에 따르면 2021/22년도 스리랑카의 쌀 경작 면적은 전년과 같은 분기의 110만 헥타르를 유지했지만, 단수는 전년 대비 14.5% 감소해 생산량은 292만 톤으로 전년 대비 13.7% 감소했다. 이는 화학 비료와 농약 사용 금지에 따른 투입 부족이 2기작(연 2회 수확) 중 1회였으나 토양 속의 화학 비료가 아직 잔존해 있어 이 정도의 감산으로 끝난 것이다. 옥수수는 쌀보다 더 많은 비료를 필요로 하기에 농가는 의식적으로 옥수수 경작을 줄여 2021년도 경작 면적은 전년 대비 35.2% 감소한 70만 헥타르, 생산량은 27.3만 톤으로 전년 대비 42.5%로 대폭 감소했다.

이렇게 자국 내 쌀 생산량이 대폭 감소한 결과, 2021년도 스리랑카의 쌀 수입량은 70만 톤으로 전년의 1.4만 톤보다 50배나 증기했다. 외회 부족 속에서 귀중한 외회를 식량 구입을 위해 대량으로 사용할 수밖에 없었던 것이다. 결국 농가 수입은 크게 줄었고, 소비자들은 식량 가격의 급등에 시달려 항의 시위가 잦아졌다. 스리랑카 정부는 하는 수 없이 2021년 11월 화학 비료와 농약의 수입과 사용 금지령을 전면 철폐했다. 세계 최초의 전면적인 유기농 생산국 전환은 불과 반년 만에 보기 좋게 실패로 끝났다. 하지만 화학 비료 금지령을 철회했음에도 화학 비료 가격 급등에 직면하면서 화학 비료의 수입대금이 부족해지는 난제를 만났다. 세계은행, 아시아개발은행 등의 지원 없이는 충분한 화학 비료를 수입할 수 없어 스리랑카 농업은 더 악순환에 빠졌다.

스리랑카의 실패는 화학 비료의 확보가 식량 안보와 마찬가지로 중요하다는 것을 보여준다. 식량 생산과 화학 비료는 표리일체表裏一體의 관계에 있어 비료 또는 그 원료의 비축 제도를 구축하는 것도 검토해야 할 과제가 된다. 일본에서는 산업 분야에서 원유와 액화석유가스LPG, 코발트, 팔라듐 등 30종 이상의 공업용 희귀금속 등을 석유천연가스·금속광물자원기구JOGMEC가 비축해두었다가 공급이 부족할 때 필요에 따라 시중에 방출하고 있다. 한국도 국제 에너지·자원 가격이 사상 최고 수준으로 뛰고 있는 상황에서 국가 차원의 새로운 자원안보 추진체계 마련을 위해 '국가자원안보에 관한 특별법안'을 2022년 9월 발의했다. 비료도 이와 같이 국가 비축을 검토할 때가 온 것이다.

지속 가능한 농업을 위해

스리랑카는 유기농업으로 전면 전환하는 데에 실패해 다시 화학 비료를 받아들였지만, 화학 비료 과다 사용에 따른 지하수 오염과 토양 미생물 감소 등으로 농지의 유기질이 저하되는 등

공업화된 농업의 폐해는 간과할 수 없는 문제다. 자원·환경보전이나 탈탄소의 관점에서도 생산단계에서 대량의 온실가스를 배출하는 화학 비료의 이용을 줄여 화학 비료의 이용 효율을 향상하고, 유기농업을 포함한 재생형·지속 가능한 농업으로 전환을 추진해야 한다.

당면한 과제는 피복식물(토양을 보호하거나 비료용으로 겨울 동안 재배하는 작물-역주)의 적극적인 이용을 포함해 저비용으로 효과가 높은 퇴비를 만드는 것과 그 기술의 보급이다. 가축의 분뇨를 회수하고 재이용하는 식의 농축 연계, 혹은 가정 내 음식물 쓰레기를 원료로 유기비료를 만들어 지역 순환형 유기비료를 공급하는 체제 구축이 그 한 방향이 될 수 있다. 효율적이고 비용이 낮으며, 에너지가 절약되는 지속 가능한 농업에 대한 도전으로 비료 수입량이 증가 추세인 일본과 한국도 이런 에코시스템을 적극적으로 구축해 세계에 퍼뜨려야 할 것이다.

우크라이나 침공으로 발생한 비료 리스크에 대항하는 데에 화학 비료와 유기 순환형 비료의 공존과 협력은 힘이 되어 줄 것이다.

제7장

세계와의 조화

일본을 통해 본
식량 안보

필자는 중국에서 일본으로 건너와 대학원, 직장, 업무를 통해 많은 사람을 만났고, 제2차 세계대전을 겪은 사람들에게 그때의 이야기를 들을 기회도 있었다. 그들이 이야기하는 것의 상당수가 '음식'이라는 것에 솔직히 놀라웠다. 당시 성장기의 초등학생, 중학생이었던 사람들에게 전쟁의 일면은 배고픔이었던 셈인데, 그것은 내 부모 세대이자 중국의 비슷한 세대도 유사한 기억을 갖고 있었기 때문이다. 2022년 러시아가 우크라이나를 침공하면서 세계가 다시 식량위기, 에너지 위기에 직면한 것은 우연이 아니다. 전쟁이란 국가가 모든 것을 걸고 싸우는 것이며, 식량도 에너지도 무기로 이용되기 때문이다.

이 책에서 이미 언급했지만, 20세기의 기아는 대부분 전쟁, 부족분쟁, 권력투쟁 등의 인위적인 원인으로 일어났다. 더는 날씨가 좋지 않거나 농업 생산이 저하되어서, 또는 절대적인 농지 부족 등으로 기아를 겪지 않는다. 문제는 전 세계는 바야흐로 전쟁의 위기, 세계 분단의 위기, 지구 온난화의 위기, 자원의 위기 등 기아가 일어날 만한 인위적인 요인들을 점점 더 갖춰 가고 있다는 것이다. 이런 상황을 바탕으로 이번 장에서는 식량 안보 정책을 차곡차곡 세워 나간 일본*의 사례를 살펴보겠다.

식량 안보의 실태

2020년 이후 전 세계에 코로나19가 퍼지면서 식량 가격이 상승해 세계적으로 식량 안보 논란이 높아지고 있다. 농지자원이 적은 반면 아직도 세계 인구 순위에서 11위에 있는 일본은 식량 안보를 가장 의식해야 하는 나라 중 하나다.

일본의 식량 자급률을 보면 2021년 주식인 쌀은 98%로 자국 내에서 거의 완전히 조달되었으며 채소 75%, 어패류 53%로 상당히 높은 수준을 유지하고 있다. 축산물도 수입 사료를 반영하지 않는 국산율은 64%나 된다. 그러나 후술하듯이

---

* 2022년 기준 세계식량안보지수에서 일본은 113개국 중 6위인 반면 한국은 25위인 중국보다 한참 떨어진 39위다.

식량위기, 이미 시작된 미래

이런 축산물의 높은 국산화율은 수입 사료의 분량을 뺀 자급률이 되면 단번에 16%로 떨어진다. 밀 자급률도 17%고, 콩기름과 유채 기름 등 유지류의 자급률은 3%밖에 안 된다.

일본 정부의 농산물 비축은 쌀이 100만 톤으로 2021년 쌀 수요량의 1.7개월분에 해당하며, 밀을 합쳐도 평상시 쌀과 밀의 수요량의 2개월분 정도다. 수십만 톤의 사료용 쌀은 만일의 경우 사람의 식량으로 충당할 수 있지만, 이를 넣어도 석 달 치에 불과하다. 더구나 유지와 사료 원료의 수입이 줄어들면 쌀과 밀의 1인당 소비량을 크게 늘려 보충할 필요가 있다. 이런 식량 비축체제는 석유 등의 비축체제에 비해 충분하지 않은 셈이다.

거의 전량 수입에 의존하는 원유와 LPG도 국가 비축과 민간 비축을 확보하고 있어 2022년 7월 기준 일본이 보유하고 있는 석유 비축은 236일분이다. 국제에너지기구IEA 회원인 원유 수입국 역시 비축 의무를 지고, 각국이 비축한 상태로 공급 중단이 발생할 경우 공동으로 비축을 방출하는 계획을 갖고 있다. 하지만 일본은 IEA 의무량을 훨씬 넘어서 석유를 비축하고, 의무가 없는 LPG까지 비축하고 있다.

1941년에 미국, 네덜란드 등에 의한 석유 수출입 금지 조치로, 그것이 전쟁을 시작한 동기 중 하나가 된 일본은 에너지

리스크 감각이 세계적으로 높은 편이다. 그에 따라 석유 비축 등 오늘날의 견고한 에너지 안보 체제가 구축되었다. 또한 석유와 LPG뿐 아니라 공업용 원료로 필수적인 팔라듐, 코발트, 니켈, 주석 등 30개 품목 이상이 비축되어 공급 중단이나 가격 급등 시 입찰 방식 등으로 시장에 방출된다. 충분한 비축은 전쟁을 막는 수단의 하나가 될 것이다.

비축의 중요성은 2022년에도 나타났다. 러시아의 우크라이나 침공 이후 밀, 옥수수의 국제 시황이 급등하는 반면 쌀은 거의 시황 변동이 없었다. 우크라이나와 러시아가 쌀은 거의 수출하지 않기도 하지만, 거대한 인구를 가진 아시아 국가들이 주식인 쌀에 대해 각각 식량관리 제도를 운영하고, 일정한 비축도 하고 있는 것이 혼란을 막은 요인 중 하나라고 할 수 있다.

동아시아의 지역 협력을 통해 재해에 대응한 식량 비축도 시도되고 있다. 일본, 중국, 한국과 아세안 10개국이 재해 대응을 염두에 두고 개설한 '동아시아 비상쌀비축APTERR'은 2004년부터 시행단계를 거쳐 2012년 정식 발효되었다. 이것은 각국이 긴급 시에 방출 가능한 비축량을 미리 신고earmark하는 것으로, 일본은 25만 톤, 중국은 30만 톤, 한국은 15만 톤, 동남아시아국가연합ASEAN은 8.7만 톤을 신고하고 있다. 게다가 비축 방출을 기동적으로 진행하기 위해 초기 대응으로 재해 가능성이 있는 나라에서 현물 비축도 실시하고 있다. 이 제도를 토대로 그동안 태풍이나 홍수 등의 피해를 입은 필리핀, 캄보디아, 라오스, 미얀마에 긴급 원조를 실시해 빈곤 완화에도 도움을 주었다.

"중국에 구매력으로 밀린다." 2010년경부터 식량 안보와 관련해 일본의 식품 업계나 상사 관계자가 한창 이런 표현을 사용했다. 확실히 미국산 쇼트플레이트(우삼겹)가 구하기 어려워지거나 비싸지는 등 중국의 경제 수준 향상에 따라 시장 환경이 크게 달라진 것은 사실이다. 하지만 반대로 말하자면 돈을 내면 구매력에서 이길 수 있다는 것으로, 구매력에서 밀린다는 것은 일본 업계의 시세 감각이 세계 시장과 어긋나고 있는 것, 혹은 옛날처럼 생각대로 싸게 살 수 없다는 것에 대한 한탄으로 들린다.

문제는 이런 사태를 식량 안보와 연계시키는 것은 많은 사람들을 착각하게 만든다는 점이다. 식량 안보는 유엔식량농업기구에 따르면 모든 사람이 항상 물리적, 사회적, 경제적으로 활동적이고 건강한 생활을 위해 음식의 기호와 식사의 니즈를 충족하는 충분하고 안전하며 영양 있는 식량을 입수할 수 있음을 의미한다. 다시 말해 기초적이고 생존과 건강에 꼭 필요한 식량의 즉시적이고 양적 확보를 의미하는 것으로, '빠르다,

싸다, 맛있다'라는 것의 보증이 아니다. 물론 뜻대로 조달하지 못하는 경우가 늘고 있는 것은 걱정스러운 징후이며, 그 대응으로 경제성장을 통한 소득 유지 및 국내 생산의 강화가 필요하다.

극단적으로 낮은 사료 원료의 자급률

소비자가 일상적인 식생활, 건강한 영양 상태를 유지할 수 있는 것이 식량 안보의 기본이다. 현실적인 문제로 그것을 자국 내에서 모두 떠맡는 것은 불가능하며 자급해야 하는 부분, 수입에 의존해야 하는 부분, 그리고 공급망의 혼란 등 예상치 못한 사태에 대응하기 위한 비축이라는 세 가지 조합과 균형에 의해 실현하는 것이 중요하다.

앞에서 언급했듯이 일본의 경우 쌀, 채소, 어패류 등은 자급률이 높고, 쌀과 밀의 비축 제도도 어느 정도 정비되어 있다. 그러나 축산물, 유지류 및 밀의 자급률은 전부 낮다. 또 하나 의아한 것은 본래 많지 않은 농지자원 중에서 농지로 사용할 수 있음에도 사용하지 않는 경작 포기지가 해마다 증가하고 있다는 점이다. 일본의 농림수산성에 따르면 경작 포기지가 2015년에는 도야마현의 면적에 필적하는 약 42만 헥타르에 이르고 있다.

축산물의 칼로리 기준 자급률이 낮은 것은 사료 원료의 대부분을 수입에 의존하기 때문이다. 2020년에는 옥수수(사료용) 자급률이 0%, 대두는 21%로 전부 극단적으로 낮았다. 특히 옥수수는 일본이 1968~2017년까지 약 반세기에 동안 세계 최대 수입국이었으며, 1980년대 중반부터 오늘날까지 연간 1,500만 톤대에서 1,600만 톤대의 수입량을 유지하고 있다. 연간 1,500만 톤이나 되는 옥수수 수요가 있는데도 일본 내에 생산자가 나타나지 않는 것은 의아한 일이다.

대두 역시 1961년부터 1990년대 중반까지 일본이 세계 최대 수입국이었으며, 1980년대 중반부터 21세기 초까지 약 20년간 연간 500만 톤 전후의 수입량을 유지했다. 수입 옥수수와 대두(착유 후 콩깻묵)는 사료로 일본 축산업을 지탱하고 있는 것이다. 앞서 언급한 축산물 자급률에서 소고기의 국산율은 45%로 측정되고 있지만, 사료의 생산지를 따라가면 소고기의 자급률은 12%로 낮아진다. 마찬가지로 사료 수입분을 반영한 돼지고기 자급률은 6%, 닭고기는 8%, 달걀은 13%로 모두 낮다.

더욱이 이렇게 수입 의존이 높은 옥수수, 대두, 밀의 수입처는 미국 한 곳에 집중되어 있다. 옥수수와 대두의 대미 의존도는 2018년까지 예외적인 해를 제외하면 80% 이상이다. 최근 들어 수입처의 다각화로 브라질의 수입을 늘리고 있지만,

2019년 이후에도 60% 이상을 미국에서 수입하고 있다. 밀의 대미 의존도는 거의 50%로 고정화되어 있다. 말하자면 일본은 미국 농가의 오랜 단골손님인 셈이다.

한국도 미국의 남는 농산물 수입처 중 하나다. 현재 쌀을 제외한 거의 모든 주요 곡물을 수입하고 있는데, 곡물자급률(사료용 포함)이 지난 몇 년간 20% 안팎을 겨우 유지하고 있다. 이 조차도 쌀이 채워주고 있는 것으로 사료용 곡물은 거의 수입하고 있는 실정이다. 2022년 농림축산식품부에 따르면 국내 사료용 밀, 옥수수, 대두의 연간 수입량은 1,722톤이다. 러시아와 우크라이나가 차지하는 비중은 10% 수준이라 다행히 국내 수급에는 큰 영향을 받지 않았지만, 이로 인해 앞으로 국제 곡물 가격이 급등세를 거듭할 것으로 보인다.

또 다른 문제 중 하나는 미국이 중국과 대립하면서도 농산물의 대중 수출을 중시하고 있고, 중국도 수입의 니즈가 확실하다는 점이다. 또 멕시코, 콜롬비아, 페루 등 같은 미주대륙 국가들의 미국 수입도 최근 들어 급속히 늘고 있다. 덧붙여 3장에서도 언급했듯이 미국, 오스트레일리아, 브라질 등에서 가뭄, 기온 상승에 의한 흉작 등의 리스크가 앞으로 확실히 높아진다는 것도 염두에 두어야 한다.

파나마 운하에 의존하는 운송 리스크

미국의 밀산지는 대평원에 위치한 캔자스주, 오클라호마주에서 워싱턴주, 오리건주라는 태평양 연안 북서부PNW, Pacific Northwest에 걸쳐서 널리 퍼져 있으며 수출의 상당한 부분도 PNW에서 나온다. 미국이 밀을 수출하는 루트는 산지에서 PNW의 항만까지 철도와 트럭 등으로 운송해서 외항선으로 태평양을 건너간다. 가장 효율적인 루트로 이른바 초크 포인트choke points(병목 지점)도 없다.

반면 옥수수와 대두는 대부분의 산지가 미시시피강변의 중서부에 있어 아시아로 수출할 때 필연적으로 파나마 운하를 경유하게 된다. 일본으로 수출하는 대두와 옥수수의 60~70%는 바지선으로 미시시피강을 내려와 멕시코만의 항만에서 수출되는데, 멕시코만 → 파나마 운하 → 태평양의 경로를 경유한다. 밀과 달리 파나마 운하를 거치는 이 수출길은 선박이 몰려 대기시간이라는 초크 포인트가 있다.

파나마 운하는 사실 지구 온난화의 영향을 많이 받고 있다. 대형 허리케인의 영향도 있지만, 주로 고온과 적은 강수량으로 운하 중류의 수위가 낮아지는 것이 대형선의 통행에 지장을 준다. 파나마 운하는 약 5만 1,000제곱킬로미터에 이르는 열대우림 속에 있으며, 그 일대에 내린 빗물로 갑문식 운하에 물을 모아 배를 차례차례 옮긴다. 열대우림에 충분한 비가 내리지 않으면 통과하는 배의 수를 줄여야 하고, 배의 흘수(물 위에 있는 배에서 물에 잠기는 부분의 깊이–역주)를 얕게 할 수밖에 없어 배의 화물량을 줄여야 운하를 통과할 수 있다. 실제로 2015년, 2016년, 2019년, 그리고 2022년에도 수위가 낮아지면서 그런 사태가 발생했다.

미국의 주요 수출처인 한국과 일본 등의 아시아는 파나마 운하 리스크도 염두에 두어야 한다. 비축만으로는 식량 안보를 이루기에는 한계가 있다. 비축과 함께 일정 수준의 국산을 추구해야 할 때가 왔다.

옥수수, 대두, 밀의 자국 내 증산 가능성

이런 세계적인 정세와 지구 온난화는 사료 곡물도 어느 정도의 자급률 향상을 추진해야 하는 상황을 낳고 있다. 일본에게는 광활한 경작 포기지를 활용해 옥수수와 대두를 생산하고, 사료로 활용할 기회이기도 하다. 일본은 쌀 소비가 감소함에 따라 쌀의 경작 면적이 1961년 331만 헥타르에서 2020년 146만 헥타르로 절반 이하 축소되었다. 그런데도 쌀은 공급 과잉으로 쌀값을 유지하기 위해 2008년 이후 정부가 높은 보조금을 지급해 110만 톤의 쌀을 사료로 돌리는 정책을 펴고 있다. 사료용 쌀의 직불제 교부금은 수확량에 따라 10아르당ₐ(1아르=100제곱미터) 5.5~10.5만 엔으로 우대되고 있으며, 2021년에는 사료용 쌀 재배 면적이 11.6만 헥타르(쌀 전체 재배 면적의 7.4%)까지 확대되었다. 이 혜택으로 생산된 66만 톤의 쌀이 사료용으로 사용되었다.

상당히 극단적인 계산이지만, 예를 들어 사료용 쌀의 재배 면적과 경작 포기 면적을 전부 옥수수 생산에 충당한다면 2020년 미국의 옥수수 단수를 전제로 한 계산으로는 579만 톤의 생산량을 확보하게 된다. 이것은 한 해 옥수수 수입량

옥수수, 대두, 밀 등 수입 의존도가 높은 곡물들

의 36.7%에 해당한다. 가령 단수가 미국의 절반이라고 해도 18.3%가 된다.

물론 옥수수만이 아니라 대두와의 윤작으로 대두 생산을 늘리는 것도 바람직하다. 대두의 뿌리혹박테리아는 질소를 고정하는 능력이 있어 다른 작물에 비해 필요한 화학 비료가 적고, 토지의 양분도 높일 수 있는 뛰어난 작물이며, 온실가스 감축에도 도움이 된다. 또한 옥수수나 대두는 쌀농사만큼 일손이 많이 드는 것이 아니라서 대규모로 기계화하기 쉽다.

현재 한국은 양곡관리법에 대한 논란이 끊이질 않고 있다. 일본과 마찬가지로 1992년 112.9킬로그램이던 1인당 쌀 소비량이 2022년 56.7킬로그램까지 줄면서 정부는 쌀의 시장 가격이 과도하게 떨어지는 경우를 제한하기 위해 매년 40만 톤가량의 쌀을 의무 매입하고 있는데, 이렇게 계속 초과 생산된 쌀을 사들일 수 없기 때문이다. 하지만 러시아의 우크라이나 침공을 보면 식량 안보 차원에서 쌀을 비축해야 하는 것도 당연한 일이다. 때문에 비축용 쌀이 3년이 지나면 술 제조 주정용 및 사료용으로 매입가의 10~20%로 시장에 되파는데, 이로 인한 손실액도 무시할 수 없는 상황이다. 이에 새롭게 내놓은 대안이 논에 쌀 대신 콩이나 밀, 사료용 옥수수 등을 재배하는 농가에 보조금을 주는 것이다. 2023년 농림축산식품부는 수입에 의존하는 작물의 국내 생산을 늘리고 쌀 수급을 안정시키기 위해 전략작물직불제를 시행한다고 밝혔다.

사료 원료가 되는 옥수수와 대두의 국내 생산을 확대할 때는 축산과 연계해서 진행하는 것이 바람직하다. 가축 분뇨를 퇴비로 만들어 옥수수나 대두에 줄 비료로 만드는 것이다. 가축 분뇨의 이용은 화학 비료의 절약과 토지의 유기질 향상을 통한 지력 회복과 함께 3장에서 언급한 온실가스 배출 감소로도 이어진다.

가축 분뇨를 퇴비로 이용하는 것은 1973년 1차 석유 위기 이후 화학 비료의 대체로 주목받았으나 화학 비료 가격이 하락하자마자 기세가 꺾이는 경향을 보였다. 가축 분뇨를 퇴비로 만들어 토양개량제뿐 아니라 화학 비료의 대체제로 쓰려면 1차 발효, 2차 발효, 건조, 성분 분석, 부족한 양분을 첨가하는 등의 성분 조정, 퇴비의 펠릿화 등 경작하는 농가가 사용하기 쉽도록 형태를 개선하는 식으로 상당히 많은 과정이 들어가서 번거롭기 때문이다.

일본에서는 축산업의 입지와 곡물 산지가 떨어져 있는 경우가 많아 수송비가 들어갈 뿐 아니라 작물에 비료를 주는 시기도 한정되어 있어 퇴비를 보관할 장소가 필요해지는 등 비용이 더 많이 들어, 비용이 저렴하고 사용이 편리한 화학 비료가 우선시되어 왔다. 하지만 러시아의 우크라이나 침공과 함께 화학 비료의 원료를 조달하기 어려워진 지금이야말로 정책적 지원 아래 퇴비의 생산과 유통, 보관 등의 공급망 비용을 낮추고, 광 역적인 경축 연계 시스템을 구축할 기회라고 할 수 있다.

한국은 가축 분뇨를 퇴비 이외에 다양한 형태의 신재생에 너지로 활용하고 있다. 농림축산식품부에 따르면 가축 분뇨는 바이오가스화 공정을 통해 메탄을 생산해 전기를 만들고, 고체 연료로 제조해 난방 및 발전소 연료를 대체하는 등 온실가스 감축과 난방비 절감 등에 쓰이고 있다. 앞으로 가축 분뇨의 환 경친화적 활용 방안을 농가에 공유하고 확산하기 위한 노력을 더욱 강화할 예정이다.

대표적인 수입 곡물인 밀도 일정량 증산이 가능하다. 일본 의 밀 생산량은 1961년 178만 톤에서 1973년에 20만 톤으로 급감했다. 일본 정부는 1973년에 미국이 대두의 수출입을 금 지한 일을 계기로 식량 자급률을 높이는 정책으로 전환해 밀을 증산하기 위한 농지 정비, 기계화, 품종과 재배 기술 개량 등을 추진했다. 규슈, 간토, 도카이 등지에서 논에 심는 작물을 바꾸 거나 이작하는 작물로, 홋카이도에서는 밭농사를 중심으로 밀 을 증산하면서 1980년에는 58만 톤, 1990년에는 95만 톤으로 회복했다. 이후 조금씩 변동하면서 2020년에 95만 톤, 자급률

15%를 유지하고 있지만, 그래도 1961년의 절반 조금 넘는 수준이다.

앞으로도 쌀과 밀의 이모작을 더 활성화하면 밀 생산을 늘릴 수 있다. 봄에 밀 베기와 모내기, 가을에 벼 베기와 밀 파종을 해서 같은 농지에서 연 2회 수확과 경작을 하는 것이다. 중국과 인도에서는 광범위하게 이루어지고 있으며, 일본에서도 식량이 부족했던 1950년대까지 간토의 서쪽 지역에서 시행되었다. 다만 농가 입장에서는 노동이 과중해져서 모내기와 파종 시기가 어긋나면 작물 수확량이 떨어질 위험이 있었지만, 지금은 기계화 덕분에 노동면에서는 농가의 부담이 가벼워지고 있어 이모작이 부활할 기회라고 할 수 있다.

물론 미국이나 호주 밀과 가격과 품질면에서 경쟁을 해야 한다. 하지만 4장에서 살펴봤듯이 미국은 국내 농정 개혁과 바이오 연료용 수요 창출로 곡물 수출의 압력이 크게 감소하고 있고, 호주는 기후 변화에 따른 만성적인 가뭄으로 밀 수출이 불안정해지고 있다. 지금이야말로 옥수수, 대두, 밀의 자국 내 증산에 도전해야 할 때다.

세계와의 조화

일본은 국가의 농업 관련 연구기관 외에 각 지방에 농업시험소와 농업연구소가 있어 품종 개량과 효율적인 농업 기술 개발을 추진하고 있다. 그 실력은 세계적으로 높은 편이다. 품질 좋은 쌀 품종은 수없이 많고, 세계가 주목하는 포도, 딸기, 사과, 멜론, 복숭아 등의 품종 개량에 성공한 사례도 수두룩하다. 앞으로는 이런 높은 연구개발 능력을 아시아 전역과 세계에 시야를 두고, 온난화 대응과 온실가스 감축을 위한 품종 개량, 기술 개선에 활용할 것으로 기대된다. 특히 높은 연구개발 능력과 기술력을 이용한 식량 증산, 온난화 대응 및 온실가스 감축을 위한 지견과 기술은 개발도상국으로 확대해야 한다. 전 세계의 지속적인 식량 증산 능력은 식량 수입 강국인 자국의 식량 안보와도 직결되기 때문이다.

또한 농업 기술의 수출 진흥을 통해 세계 규모의 과제를 해결하는 세계적인 농업 강국이 되어야 할 것이다. 이미 일본의 국립연구개발법인인 국제농림수산업연구센터JIRCAS는 국제옥수수·밀개량센터CIMMYT, 바스크대학, 니혼대학 생물자원과학부와 공동으로 질소비료의 양을 줄여도 높은 생산성을 나타내는 생물적 질소화억제BNI 강화 밀 개발에 성공하는 등 성과를 내고 있다. 세계 최초의 질소 오염 방지와 식량 증산을 양립시키는 이 연구 성과는 생산성을 향상시키면서 지구 온난화를 완화할 수 있는 밀이라고 세계에서 큰 호응을 얻고 있다. 또한 그

논문은 2022년 5월 학술지 〈미국국립과학원회보PNAS〉의 2021년 최우수 논문상을 수여받은 바 있다. 일본과 세계 2위 밀 생산국인 인도는 2022년 공동 프로젝트를 시작해 인도에서 BNI 강화 밀의 재배 체계를 확립하기 위해 나섰다.

세계 유수의 곡물 수입 강국인 일본은 그동안 곡물의 안정적인 수입을 확보하기 위해 미국과 브라질 등지에서 농산물의 집하와 수송 시스템에 투자하고, 농산물의 국제 거래에 적극적으로 참여하면서 세계 식량의 안정적인 공급에 크게 기여하고 있다. 농업 생산의 열쇠는 안정적인 수요이며 농민, 축산가가 안심하고 계속 투자하는 환경 정비가 식량 안보를 향상시키는 길이기 때문이다.

앞으로도 이런 열린 농업과 농산물 거래에 지속적인 관심과 투자를 아끼지 말고, 세계 수준의 과제를 해결하는 농업 기술을 수출하는 데에 노력하는 것이 자국의 식량 안보를 더욱 확고히 할 것이다. 그것은 현재 진행되고 있는 세계의 분단과는 다른 열린 국제 곡물 시장을 유지해줄 것이다. 식량 안보는 세계와의 조화 없이는 있을 수 없다. 그것은 한국을 비롯한 전 세계 모든 나라도 마찬가지다.

40년간 농업을 연구해온 한국 농업 혁신의 아이콘이자 식량문제 해결사로 불리는 민승규 세종대 석좌교수는 이 책의 한국 식량 문제 실태를 확인하면서 마지막으로 이렇게 당부했다.

"식량위기를 바라보는 시선은 두 가지로 나뉜다. 인구성장과 소득증가, 기후변화 등의 여러 요인으로 인해 식량 부족이 예상되며 가격폭등으로 식량위기가 도래할 것이라는 '비관론'과 식량위기는 일시적인 현상일 뿐, 농업투자와 신품종 및 신기술의 접목을 통하여 식량위기 극복이 가능하다는 '낙관론'이다. 두 시선은 공급과 수요, 분배 등의 요인에서 각자 다른 견해를 펼치지만, 어느 때보다 식량안보가 중요해진 지금은 이 상황을 낙관적으로 바라보기보다는 모두가 당장 발생한 위기에 철저히 대응하는 협동의 자세가 필요하다."

| 맺음말 |

필자는 농업조사를 위해 세계를 돌면서 한 가지 문제의식을 품게 되었다. 미국처럼 대규모로 공업화된 농업과 개발도상국의 영세 개인 농가 사이에는 메우기 어려운 격차가 있다는 점이다. 미국과 유럽이 곡물을 과잉 생산하면서 수출에 주력하는 반면 아프리카 등의 개발도상국은 자급자족 체제가 무너져 수입과 원조 식량에 의존하는 정도가 심해졌다.

그리고 2022년 우크라이나의 위기는 이 격차 문제를 첨예화시켰다. 점점 가속화되는 지구 온난화는 농업과 식량에 점점 심각한 영향을 미쳐 기아가 일반화될 우려도 있다. 지금이야말로 인류를 지키기 위해 이성적인 협조 행동이 필요하다는 것을 뼈저리게 느껴야 할 것이다.

이 책을 집필하면서 많은 분에게 지원을 받았다. 특히 연구자로서 생각하고 연구하는 방식을 가르쳐주신 조치대학의 은사 고 오쿠다 겐지 교수님과 가족 분들에게 감사를 드리고 싶다. 27년 동안 연구 생활의 장을 마련해주신 농림중금종합연구소와 이번에 여러 시사를 받은 우치다 다키오 상무님, 히라사와 아키히코 부장님에게도 감사의 말씀을 드리고 싶다.

이 책을 집필하게 된 계기를 주신 닛케이BP 니혼게이자이신문 출판의 와타나베 하지메편집위원에게도 깊은 감사의 말씀을 드린다.

식량위기, 이미 시작된 미래

초판 1쇄 발행 2023년 6월 9일

지은이 루안 웨이
옮긴이 정지영
펴낸이 성의현
펴낸곳 (주)미래의창

책임편집 김효선
디자인 강혜민

출판 신고 2019년 10월 28일 제2019-000291호
주소 서울시 마포구 잔다리로 62-1 미래의창빌딩(서교동 376-15, 5층)
전화 070-8693-1719 **팩스** 0507-1301-1585
홈페이지 www.miraebook.co.kr
ISBN 979-11-92519-63-0 03320

※ 책값은 뒤표지에 있습니다.